# 高中物理
## 实验读本

蒋天林 ○ 著

吉林人民出版社

## 图书在版编目(CIP)数据

高中物理实验读本 / 蒋天林著. —— 长春：吉林人民出版社，2019.8
ISBN 978-7-206-16729-4

Ⅰ.①高… Ⅱ.①蒋… Ⅲ.①中学物理课—实验—高中—教学参考资料 Ⅳ.①G634.73

中国版本图书馆CIP数据核字（2020）第003270号

## 高中物理实验读本
GAOZHONG WULI SHIYAN DUBEN

著　　者：蒋天林　　　　封面设计：姜　龙
责任编辑：郝晨宇　崔剑昆
吉林人民出版社出版发行（长春市人民大街7548号　　邮政编码：130022）
印　　刷：北京虎彩文化传播有限公司
开　　本：787mm×1092mm　　1/16
印　　张：8.75　　　　　　字　　数：158千字
标准书号：ISBN 978-7-206-16729-4
版　　次：2022年6月第1版　　印　　次：2022年6月第1次印刷
定　　价：45.00元

如发现印装质量问题，影响阅读，请与出版社联系调换。

# 前言

物理学从本质上看是一门实验科学。在物理学中，每个概念的建立，每个定律的发现，都有其坚实的实验基础，实验在物理学的发展中有着巨大的意义和推动作用。可以说，离开了物理实验就无法进行物理教学。物理实验主要有六大功能：丰富感性认识，提高学习兴趣；突破重点难点，理解物理概念；形成物理图像，认识物理过程；提升思维水平，增强探索精神；培养观察能力，掌握实验技能；养成良好习惯，学会科学方法。它对物理学习的作用是不言而喻的。

爱因斯坦指出："在衡量人才的贡献时，主要看他们一生中想的是什么和他是怎么想的。"也就是说，既要关注人才对社会提供的物质成果，更要关注从他们那里汲取的科学的思想方法以及思维的艺术。物理学上的每次重大突破与物理实验的精思妙想是分不开的。所以，努力提取物理实验中蕴含的丰富的思想方法，并深入解剖，了解其深刻的科学思想和方法，应该是中学物理实验的核心。

物理实验是实现物理教学目标的基本手段，是实现手、眼、脑综合运用的过程，通过实验可以加强中学物理的教学，提高教学效果，培养学生的观察能力、操作能力和分析能力。我国著名的物理教育家、苏州大学教授朱正元就当时中学的办学条件，提出了"坛坛罐罐当仪器，拼拼凑凑做实验"的教育思想，要求广大物理教师要想方设法把实验开展起来，让学生动起手来。在新课改下的今天，强化实验教学显得更加突出。通过物理实验有效教学，能积极推动学生物理观念、科学思维、科学探究水平等物理核心素养发展，培养良好的科学态度与责任感，形成正确的科学世界观和人生价值观。正是基于这样的认识，我们编写了《高中物理实验读本》。本书分为四篇：第一篇（欣赏篇），介绍了世界十大经典物理实验，重现这些经典实验，不仅让学生欣赏世界十大经典实验的美，了解物理学家在当时的情形下，如何克服科学技术条件、客观事物本身复杂性的限制，运用创造思维，巧妙完成实验的过程，而且更是让学生去体验、感悟其中的物理实验思想和方法；第二篇（方法篇），对课本上的一些典型实验做一些实验方法的归纳梳理，主要介绍了等效替代法、控制变量法、累积法、留迹法、模拟法、外推法等，让学生加深对所学实验的理解；第三篇（测量篇），引导学生利用中学所学的物理知识去测量一些中学物理中常见的物理量。如：测量动摩擦因数、重力加速度、磁感应强度、带电粒子比荷、电阻、太空中小物体的质量等，让学生尝试着进行实验设计，培养实验探究的能力；第四篇（拓展篇），介绍一些趣味实验，如水火箭的制作与发射、电容器电容的测量等，让学生去发掘其中的实验原理，启迪思维，提高创新能力。

本书不受制于教科书的局限，充分发挥选修课的特长，适时补充了一些课外知识，为学生打开了一扇"窗"，拓展了他们的学习视野。这也体现了从生活走向物理、从物理走向生活的理念。

开设物理实验类选修课程可以将本书作为参考，选取其中部分与教科书相对应的内容进行教学，也可以让学生课后广泛阅读、学习，在具体教学实践中可以实行分层教学，因材施教，达到个性化发展的目的。而且可以在高一、高二同时开设，高一学生由于所学知识不够全面，教学中可侧重运动学、力学部分内容；高二教学可侧重电磁学、光学和热学。

真诚欢迎广大教师和同学对本书中的不足之处多提宝贵意见和建议，使之不断完善。我们相信在大家的共同努力下，它定会内容更丰富、形式更多样、特色更鲜明。

编 者

2018 年 4 月

# 目录

## 第一篇 欣 赏 篇

一、托马斯·杨的光干涉实验及其双缝演示应用于电子干涉实验 ··· 3

二、伽利略的自由落体实验和加速度实验 ·················· 10

三、罗伯特·密立根的油滴实验 ························· 18

四、牛顿的棱镜分解太阳光 ···························· 23

五、卡文迪许扭秤实验 ······························· 32

六、埃拉托色尼测量地球圆周长 ························ 37

七、卢瑟福发现核子 ································ 39

八、米歇尔·傅科钟摆实验 ···························· 44

## 第二篇 方 法 篇

一、等效替代法 ··································· 49

二、控制变量法 ··································· 52

三、累积法 ····································· 55

四、留迹法 ····································· 58

五、模拟法 ····································· 62

六、外推法 ····································· 67

## 第三篇  测 量 篇

- 一、如何测量太空中小物体的质量 ················· 73
- 二、动摩擦因数的测量 ································ 77
- 三、重力加速度的测量方法 ·························· 86
- 四、磁感应强度的测量 ································ 93
- 五、带电粒子比荷的测量方法 ······················· 100
- 六、电阻的测量 ········································ 106

## 第四篇  拓 展 篇

- 一、水火箭制作与发射 ································ 127
- 二、电容器电容的测量 ································ 132

# 第一篇 欣赏篇

美国两位学者曾经在全美物理学家中做了一份调查，请他们提名有史以来最出色的十大物理实验，结果刊登在2005年9月出版的美国《物理世界》杂志上。排名前十位的最美物理实验，它们是（按时间先后顺序）：埃拉托色尼测量地球圆周、伽利略的自由落体实验、伽利略的加速度实验、牛顿的棱镜分解太阳光、卡文迪许扭秤实验、托马斯·杨的光干涉实验、让·米歇尔·傅科钟摆实验、罗伯特·密立根的油滴实验、卢瑟福发现核子、托马斯·杨的双缝演示应用于电子干涉实验。其中的大多数都是我们耳熟能详的经典之作。所有这些实验的共同之处是他们都仅仅"抓住"了物理学家眼中"最美"的科学之魂。当然，这里的"美"是一种经典概念：即用最简单的仪器和设备，得到了最根本、最纯粹的科学结论。其实，科学美蕴藏于物理学的实验之中，有待于我们在学习过程中不断地感悟和发现。十大实验就像是一座座历史丰碑一样，人们长久的困惑和含糊倾刻间一扫而空，对自然界的认识更加清晰。令人惊奇的是这十大物理实验中的绝大多数是科学家独立完成的，最多有一两个助手。所有的实验都是在实验桌上进行的，没有用到什么大型计算工具，比如电脑之类，最多不过是把直尺或者是计算器。从十大经典科学实验评选本身，我们也能清楚地看出2000年来科学家们最重大的发现轨迹，就像我们回顾历史一样。

下面介绍十大经典物理实验，请同学们认真欣赏并理解它们绝妙的物理思想和方法。

# 世界十大经典物理实验

##  一、托马斯·杨的光干涉实验及其双缝演示应用于电子干涉实验

托马斯·杨的光干涉实验排名第五,他的双缝演示应用于电子干涉实验排名第一。

1704年,牛顿的《光学》一书问世,差不多相隔整整一个世纪,到了19世纪,光学的发展才有所突破,特别是物理光学得到了长足的进步,开始了波动说的"英雄"时期。英国物理学家托马斯·杨(Thomas Young,

托马斯·杨

1773–1829)在1801年首先用简单的装置和巧妙的构思,做到了用普通光源来实现光的干涉。这就是在波动光学史上具有决定性意义的杨氏双缝实验,它为光的波动学说的确立奠定了坚实的实验基础。

### 1. 托马斯·杨的生平

托马斯·杨(Thomas Yong,1773–1829),英国物理学家、考古学家、医生,光的波动说的奠基人之一。他于1773年6月13日出生在英国索默塞特郡(Somersetshire)米尔弗顿(Milverton)的一个富裕的教徒家庭。他天资聪慧,少年时就表现出惊人的才华。他于1796年获哥廷根大学医学博士学位,1803年获剑桥大学学士学位,1808年获剑桥大学医学博士学位。1800年他开始在伦敦行医,第二年担任了皇家研究院自然哲学教授的职务,1802年的1月到5月,他作了一系列讲演,这些讲演和后来的一系列讲演以《关于自然哲学和机械工艺的讲演》(Lectures on Philosophy and the Mechanical Arts)为题在1807年出版,这本书至今还很有价值。1802年,他被委任为皇家研究院的外事秘书。他担任这个职务直到1829年5月10日在伦敦逝世。

### 2. 托马斯·杨对光学发展的主要贡献

17世纪,由于牛顿和惠更斯的争论,关于光的本性形成了两种不同的学说:光的微粒说和光的波动说。牛顿是光的微粒说的代表,他主张光是发光物质发射出来的很小的微粒,与此相反,惠更斯主张光是一种波动。两种学说都能够解释光的直线传播、反射和折射等现象。但是,在那个时代,人们只知道

纵波，因而惠更斯便认为光是纵波。但把光看成纵波不能解释光的偏振现象，同时由于牛顿在科学界的崇高威望，使得光的微粒说在19世纪之前占支配地位，光的波动说没有受到物理学家的重视。19世纪初，正是托马斯·杨的干涉实验复兴了光的波动学说，使人们对光的本性认识进入了一个新的阶段。

1801年，托马斯·杨在皇家学会宣读了关于薄片颜色的论文，在论文中他详述了实验的内容，并表示他自己强烈地倾向光的波动说。干涉原理的引入是这篇文章向光的波动说跨出的重大一步。"两个在方向上完全一致或者是很接近的不同光源的波动，它们的联合效应是每一种光的运动的合成"。实验中，他用一个屏幕遮住暗房的窗子，屏上开有两个靠得很近的小孔。当这两个小孔比较大的时候，穿过它们的阳光就在置于一定距离远的另一屏幕上形成两个光斑。当小孔逐渐缩小到很小时，穿过它们的光束在屏幕上所形成的两个光斑就扩展开来，彼此部分重叠。托马斯·杨仔细观察后发现，在屏幕上接收到来自两个孔的光束照射的区域，有一系列暗条隔开的彩虹般的美丽的条纹。当屏上两小孔间相距1mm时，相距1m远的另一屏幕上就会呈现0.6mm宽的条纹。杨氏利用了惠更斯对光的传播所提出的次波假设解释了这个实验。他认为波面上的任一点都可看作是新的振源，由此发出次波，光的向前传播就是所有这些次波叠加的结果。同年，托马斯·杨在英国科学杂志《哲学会刊》上发表的一篇论文中，进一步提出了他所发现的干涉现象的规律："凡是同一光线的两部分沿不同的路程进行，那么当光线的路程差等于波长整数倍时，光线互相加强……波长对各种不同颜色的光各不相同"。

托马斯·杨所做的演示光的干涉效应的实验，第一次把光的波动学说建立在坚实的实验基础上，托马斯·杨根据自己的实验推算，第一次测定了光的波长。

3. **实验介绍**

要产生光的干涉现象，相遇的光波必须满足3个基本条件：
（1）两光源的振动频率（或光波波长）相同。
（2）两光源的振动相位差要维持不变。
（3）两光源的振动方向要相同。

满足这3个基本条件的两光源称作相干光源，只有相干光才能产生光的干涉现象。

如图1.1-1所示，用强烈的光照射到开有小孔$S$的不透明的遮光板（称为光阑）上，透过小孔的光作为点光源，在点光源后面放置另一块光阑，开有两

个很靠近的小孔 $S_1$ 和 $S_2$，它们构成一对相干光。在观察屏上显示出两束光的交叠区出现了一系列亮暗相间的条纹，即干涉条纹，如图 1.1-1 所示。

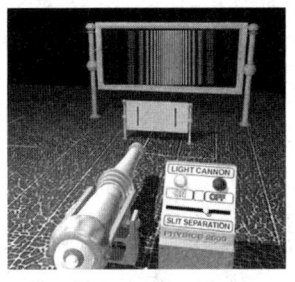
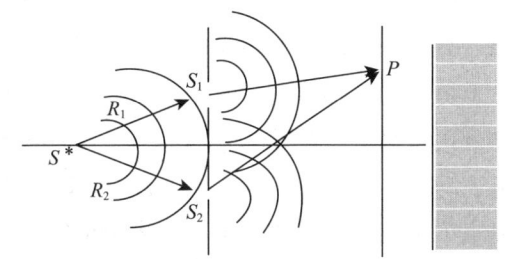

图 1.1-1

为了提高干涉条纹的亮度，$S$、$S_1$、$S_2$ 常用 3 条互相平行的狭缝来替代，而且可用目镜直接来观测干涉条纹。今天，我们利用激光的高度相干性和高亮度，用激光束直接照射双缝，就可以在屏幕上获得一组非常清晰可见的干涉条纹。条纹间的距离彼此相等，且都与狭缝平行，中央条纹是明条纹。增大双缝间距，中央明条纹中心位置不变，其他各级条纹相应向中央明纹靠近，条纹变密。反之，条纹变稀疏。改变入射光波长，若波长增大，条纹变稀疏。反之，条纹变密。另外，如果改变光源 $S$ 位置，$S$ 下移时，中央明纹上移，干涉条纹整体向上平移；而当 $S$ 上移时，干涉条纹整体向下平移，条纹间距不变。改变双缝与屏幕的间距也会引起条纹的变化。间距减小，中央明纹中心位置不变，其他各级条纹相应向中央明纹靠近，条纹变密。反之，条纹变稀疏。

按照惠更斯原理，杨氏实验中的小孔可看成是单色点光源，而 $S_1$ 和 $S_2$ 是从 $S$ 的波面上分离出来的两个小面元所构成的子波源，它们所发出的球面子波是满足相干条件的，在它们交叠的区域中将出现干涉现象。杨氏双缝干涉实验是典型的分波阵面干涉。

4. **定量分析**

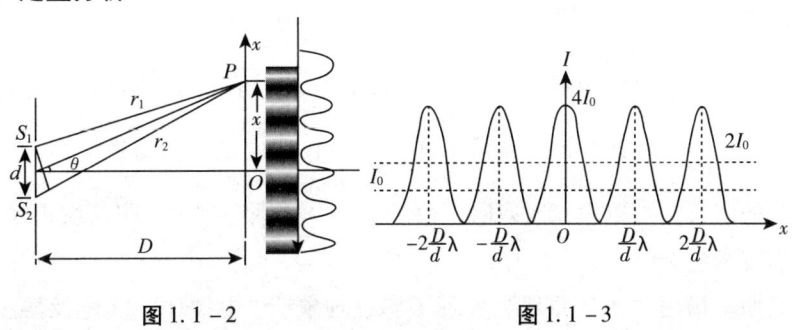

图 1.1-2　　　　　图 1.1-3

下面定量分析形成明、暗相间的干涉条纹所应满足的条件，如图 1.1-2 所示，设 $S_1$ 和 $S_2$ 间的距离为 $d$，双缝所在平面与屏幕平行，两者之间的垂直距离为 $D$，在屏幕上任取一点 $P$，它与 $S_1$ 和 $S_2$ 的距离分别为 $r_1$ 和 $r_2$，若 $M$ 为 $S_1$ 和 $S_2$ 的中点（图上未标出），$OM$ 垂直于屏幕面，点 $P$ 与点 $O$ 的距离为 $x$，在通常情况下，双缝到屏幕间的距离远大于双缝间的距离，即 $D>>d$。由 $S_1$ 和 $S_2$ 发出的光到达屏上点 $P$ 的波程差为 $\delta$，$\delta = r_1 - r_2 \approx d\sin\theta$。此处 $\theta$ 是 $PM$ 和 $OM$ 所夹之角。若 $\delta$ 满足 $\delta = d\sin\theta = \pm k\lambda$，$k = 0, 1, 2, 3, \cdots$     (1)

则点 $P$ 处为一明条纹的中心，式中正负号表明干涉条纹在点 $O$ 两侧是对称分布，$k$ 称为干涉级，对于点 $O$，$\theta = 0$，$\delta = 0$，$k = 0$，因此，点 $O$ 处称为零级明条纹或中央明条纹。相应于两侧 $k = 1, 2, 3, \cdots$ 称为第 1 级，第 2 级，第 3 级 $\cdots$ 明条纹。它们对称地分布在中央明条纹的两侧。因为 $D>>d$，所以 $\sin\theta \approx \dfrac{x}{D}$，于是 (1) 式可改写为 $d\dfrac{x}{D} = \pm k\lambda$，$k = 0, 1, 2, 3, \cdots$ 则在屏幕上明条纹中心的位置为 $x = \pm \dfrac{D\lambda}{d} k$，$k = 0, 1, 2, 3, \cdots$     (2)

同样，若 $\delta$ 满足 $\delta = d\sin\theta = \pm (2k-1)\dfrac{\lambda}{2}$，$k = 1, 2, 3, \cdots$     (3)

则点 $P$ 处为一暗条纹的中心。这样，与 $k = 0, 1, 2, 3, \cdots$ 相应的在屏幕上暗条纹中心的位置为 $x = \pm (2k-1)\dfrac{D\lambda}{2d}$，$k = 0, 1, 2, 3, \cdots$     (4)

若 $\delta$ 既不满足 (1) 式，也不满足 (3) 式，则点 $P$ 处既不是最明亮，也不是最黑暗。

干涉条纹分布的特点可从 (2) 式中看出，条纹分布是中央对称排列。与狭缝平行，两侧关于中央条纹对称，条纹间距彼此相等，与干涉级 $k$ 无关，明暗相间的干涉条纹，其光强度分布如图 1.1-3 所示。两相邻明条纹或暗条纹的间距都是 $\Delta x = x_{k+1} - x_k = \dfrac{D\lambda}{d}$。    (5)

如果测定了条纹的间距 $\Delta x$，并且已知 $d$ 与 $D$，可利用 (5) 式推算出光波的波长 $\lambda = d\dfrac{\Delta x}{D}$，杨氏由此式算出了光波的波长，这是人类历史上第一次由实验测得光的波长。当以白光入射时，由于 $\Delta x \propto \lambda$，则在中央的明条纹仍是白色，两侧将出现彩色条纹。

托马斯·杨用"干涉原理"解释了彩虹现象、"牛顿环"实验及薄膜受光照射时所呈现的彩色条纹。托马斯·杨在对牛顿环的测定中，还计算了各种颜色对应的波长和频率。关于薄膜干涉，牛顿已经注意到薄膜介质的折射率较大时，干涉条纹会变得较密，托马斯·杨根据他的干涉原理解释这一现象，并认为此现象是光密介质里光波长较短的证据。他由此推知，在光密介质中光的波长较短，意味着光在光密介质中的传播速度较小，在光密介质中光的传播速度较小与牛顿的微粒学说相违背，因此光只能是一种波动，在此基础上，托马斯·杨又进一步提出了光的波动说判定性实验的思想。1850年，法国物理学家傅科用实验证实光在水中的传播速度小于光在空气中的传播速度，为光的波动学说又提供了一个证据。

将托马斯·杨的双缝实验做一下改造，科学家们用电子流代替光束来做实验。根据量子力学，粒子流被分为两股，两股粒子流产生波的效应，它们相互影响，产生了像托马斯·杨的双缝演示中出现的加强光和阴影。这说明微粒也有波的效应。

**【实验思想】**

杨氏干涉实验的巧妙之处在于，他让通过一个小孔 $S$ 的一束光，再通过两个孔 $S_1$ 和 $S_2$，从而变成两束光。这样的两束光来自同一光源，所以它们是相干光。后来用缝代替孔，进行了双缝干涉实验，得到了明暗相间的干涉条纹。再后来，用粒子流代替光束来做实验，说明微粒也具有波动性。这是一种等效复制的实验思想。

**【实验感悟】**

其实人也都是具有双重性格的，而人的双重性格，往往看起来是互相矛盾的。只不过我们更早发现的是我们容易发现的性格而已，随着经历各种各样社会"实验"，我们往往就发现自己的另一种性格了。

这个时候人往往觉得很痛苦，甚至觉得自己不是自己了，其实这都完全没有必要，因为这两种性格既是矛盾的也是统一的，缺少了哪一样，人都不完美。

## 天才的一生

托马斯·杨出生在英国萨默塞特郡密尔韦顿一个富裕的贵格会教徒的家庭。他是十个孩子中的老大，是一个天才儿童。杨两岁就学会了看书，十四岁时用拉丁文写过一篇自传，当时他已掌握了多种语言。在中学时期，他已能够阅读拉丁文和希腊文的经典著作以及意大利和法国作家的著作，并且能运用这些作者的语言对所读过的内容做笔记。他还把他的学习扩大到了东方语言——希伯来语、波斯语、阿拉伯语等。他还学习过牛顿的《原理》、拉瓦锡的《化学纲要》以及其他的一些科学著作。在杨成年后，他对职业的选择受到了叔父的影响，他的叔父是一位卓越的医生，杨在家庭建议下转到了医学方面。

于是在十九岁时，他去伦敦学习医学。他在伦敦见到了许多地位很高的人物。他经常拜访政治家伯克、画家雷诺兹以及贵族社会的一些成员，他开始成为见过世面的人。

杨研究了眼睛的调节机理，并在1794年他二十一岁时，被选为皇家学会会员。之后他从伦敦前往爱丁堡和哥廷根继续研究医学。1797年回到英国，进入剑桥的伊曼纽尔学院继续攻读医学。当时他大学里的同学都称他为"奇人杨"，兼有嘲弄和尊敬之意。进入伊曼纽尔学院后不久，杨曾去伦敦拜访他当医生的叔父，这位叔父去世时留给他一笔巨大遗产，包括房屋、书籍、艺术品和一万英镑现款。这笔巨大遗产使他在经济上完全独立，帮助他度过了一生。1799年，杨在剑桥大学完成了学习。那时他已读过了一些著名数学家，如欧拉、伯努利和达朗贝尔关于弦振动的著作，并且对他们的著作进行了深入钻研。他在学习过程中提出了一些思想，只是后来他发现很多数学家早在许多年前就已先于他而提出来了。

1799年，杨开始在伦敦行医。当时的医学诊断技术极为落后，公众健康问题还有许多事情有待解决。杨的医学名声是很好的，但并不杰出。也许是他的科学家气质太浓了，因此不能成为医学界的领导人物。另一方面，他对眼睛生理学和解剖学写过不少论文，对颜色视觉的研究也取得了有长远学术价值的成果。到1803年，杨已是知名的物理学家了，被聘为伦敦皇家学院自然哲学教授。皇家学院是美国出生的汤普森，即后来的伦福德伯爵发起和出资创办的学院。杨在皇家学院时间不长，仅仅三年。他缺乏教师所必需的讲课才能，他的讲课常常超出了学生的理解能力。后来他编著了一部重要著作《自然哲学和机械学讲义》，一共两卷，就是以他在皇家学院的讲义为根据的。离开皇家学院后，杨把大部分时间致力于行医。

杨出版的著作涉及的课题惊人地广泛，有生理光学、虹的理论、流体动力学、毛细作用、造船工程、用摆测量引力、潮汐理论等，这些只是他涉足的物理学课题中一个不完全的目录。杨后来与《英国百科全书》合作，写过许多条目，涉及字母表、吸力、毛细作用、内聚力、颜色、露、眼睛、焦点、摩擦、日月晕、象形文字、水力学、运动、阻力、船舶、声音、强度、潮汐、波动以及医学等方面。

1814年，杨发现了自己另一方面的兴趣——研究象形文字。在拿破仑远征埃及时期，1799年在埃及发现了著名的刻有两种文字的罗塞达碑。拿破仑被迫从埃及撤退时，将石碑运到了伦敦。杨在1814年对碑文进行了研究。虽然在他之前，已有其他人研究过，但他取得了一个重大进展，他发现有些字是按语音写下的。这成为了解释碑文的钥匙。杨做了一部分解释工作，更全的解释则是由法国埃及学专家钱波利翁完成的。正如同在光学上一样，杨开辟了一个领域，然后由别人精心研究，最终取得重大成果。

　　杨还研究了生命保险问题。他是一家重要的保险公司的统计检查官，即统计主任，待遇十分优厚。1818年，他被任命为《航海天文历》的主持人，做了不少实用天文学和航海援助等方面的工作。他精力非常旺盛的一生于1829年结束，终年五十六岁。

##  二、伽利略的自由落体实验和加速度实验

伽利略的自由落体实验排名第二,加速度实验排名第八。

### 1. 伽利略生平简介

伽利莱·伽利略(Gaeo Gaei,1564 – 1642)是意大利杰出的物理学家和天文学家,自幼家贫,却聪明好学,志向远大。在他父亲的影响下,从小就对诗歌、音乐和古典文学产生了浓厚的兴趣,17岁时进入比萨大学学医,后来被欧几里得和阿基米德的著作所吸引,对数理科学产生了更大的兴趣,从而转向数学和物理学的研究。在他的一生中,他运用自制的望远镜,对太阳系作了大量的实际观测,支持哥白尼的"日心学

伽利莱·伽利略

说",并撰写了《关于托勒密与哥白尼的两个世界体系的对话》。在力学方面,他发现了自由落体定律、惯性定律的雏形以及相对性原理等,并总结出一套完整的自然科学研究方法,为近代自然科学的研究开辟了新的道路。在近代自然科学史上,伽利略是一位划时代的人物,他在天文、物理、力学等方面都有重大的贡献,被公认为"近代物理学之父"。伽利略在科学史上的重要地位,不仅因为他是近代物理学的创建者,而且还在于他在研究方法上的革命。这种革命对于整个科学发展的历史意义,引起了许多科学家和科学哲学家的兴趣,他们希望通过对伽利略的研究发现科学革命的关键所在。爱因斯坦认为:"常听人说,伽利略之所以成为近代科学之父,是由于他以经验的、实验的方法来代替思维的、演绎的方法。但我认为,这种理解是经不起严格审查的。事实上,伽利略缔造了实验、物理想象(理想实验)与数学演绎三者巧妙结合的近代物理科学方法,并且由于这些科学方法自觉的运用,直接地推动了物理学和其他科学的发展。"

### 2. 理想实验

伽利略创立了对物理现象进行实验研究并把实验的方法与数学方法、逻辑论证相结合的科学研究方法——理想实验法。

理想实验,又称思想实验(Though experiment)、思维实验(Gedankene experiment)、假想实验等。理想实验基于现实而又超越现实,它是在真实实验的

基础上，抓住主要矛盾，忽略次要矛盾，对实际过程做出更深层次的抽象分析，以已被实践所证实的逻辑法则为依据，按真实实验的格式所开展的一种复杂的思维推理活动。理想实验虽然不是一种真实的实验操作，但它可作为进一步推进科学研究活动向前发展的手段。作为创造性思维的重要表现形式，作为一种重要的理论研究方法，由此得到的结论具有重要的意义。

理想实验是有别于真实实验的一种理性思维活动。在近代科学发展的长幅画卷中，理想实验以其思维的独特性、深刻的创造力而大放光彩。马赫、爱因斯坦、库恩等大科学家对此曾有专文进行过探讨和研究。我国关于理想实验和伽利略研究的文章并不少见，徐希燕博士在《墨子的方法论研究》中指出：墨子十分重视思想实验。在先秦时期，整个世界进行思想实验的也许只有墨子吧。1586年，斯蒂芬在他的《静力学原理》一书中给出了一个想象实验，他设计了一个理想装置，不用实际操作却能用一些非常基本的数学物理原理令人信服地得到力的平行四边形法则，开创了物理学思想实验的先河。

### 3. 伽利略及其经典理想实验

伽利略是近代科学的先驱，他对物理学做出了多方面的贡献，其中他发现的自由落体定律和惯性定律，为近代物理学提供了两块牢固的基石。他的成功，得益于率先采用了科学的物理实验，更得益于他独创的物理实验与思想实验相结合的科学方法。伽利略的出色工作，证明了他既是一位物理学大师，也是一位进行思想实验的哲人。

在16世纪以前，亚里士多德的运动理论占据统治地位。他把万物看成是由四种元素——土、水、空气及火组成，四种元素各有其自然位置，任何物体都有返回其自然位置而运动的性质。他把运动分成自然运动和强迫运动：重物下落是自然运动，天上星辰围绕地心作圆周运动，也是自然运动；而要让物体作强迫运动，必须有推动者，即施力者。力一旦撤去，运动立即停止。既然重物下落是物体的自然属性，物体越重，趋向自然位置的倾向性也就越大，所以下落速度也越大。于是，根据亚里士多德的理论，就必然得到物体下落速度与物体重量成正比的结论。亚里士多德的理论基础是错误的，对此也曾有人反对过，但都因为没有确切的论证而使亚里士多德学说一直到16世纪仍占据统治地位，直到伽利略运用一系列的理想实验才成功地打破亚里士多德的错误权威。

对接斜面的理想实验——伽利略提出了惯性原理。

为了说明惯性，他曾设计了一个无摩擦的理想实验：在一定点 $A$ 处悬挂一单摆，将摆球拉到离竖直位置一定距离的右侧 $C$ 点，释放小球，小球将摆到竖直位置的左侧 D 点，此时 C 点与 D 点处于同一高度。若在 A 的正下方 E 用钉子改变单摆的运动路线，小球将摆到与 C、D 两点同样高度的 G 点。伽利略指出，对于斜面也会得出同样的结论。他将两个斜面对接起来，让小球沿一个斜面从静止滚下，小球将滚上另一斜面。如果无摩擦，小球将上升到原来的高度。他推论说，如果减小第二个斜面的倾角，小球在这个斜面达到原来的高度就要通过更长的距离，使第二个斜面的倾角越来越小，小球将滚得越来越远。如果第二个斜面改成水平面，小球就永远达不到原来的高度，而要沿

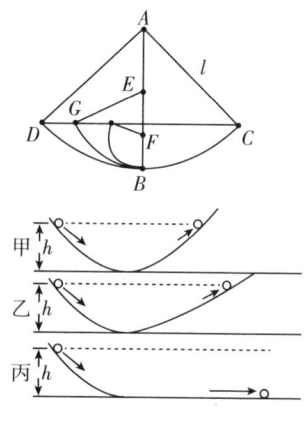

伽利略理想实验

水平面以恒定速度持续运动下去。伽利略写道："任何速度一旦施加给一个运动着的物体，只要除去加速或减速的外因，此速度就可保持不变；不过，这是只能在水平面上发生的一种情形。"早在《谈话》一书中，他已经表达过这个思想。"当一个物体在水平面上运动，没有碰到任何阻碍时……它的运动就将是匀速的，并将无限地继续进行下去，假若平面是在空间无限延伸的话"，这就是伽利略关于惯性的思想，纠正了亚里士多德关于外力是物体产生并维持运动的原因的说法。

#### 4. 比萨斜塔实验——伽利略否定了亚里士多德的落体定律

关于伽利略的比萨斜塔实验，众说纷纭。有人说，他这个落体实验对亚里士多德的理论是致命一击，由此批驳了亚里士多德的落体速度与重量成正比的说法，得出了落体加速度与其重量无关的科学结论。有人说，他用大小相同而重量不等的两个球，得到同时落地的结果。甚至有人说他是用炮弹和枪弹做的实验。有人则过分宣扬伽利略的比萨斜塔实验，说他是第一个做落体实验的人等等。关于伽利略的比萨斜塔实验，在物理学史上尚有争论，但伽利略巧妙地运用理想实验否定了这一统治欧洲近两千年的错误理论——物体下落的速度和重量成正比则是举世公认的。

比萨斜塔

伽利略在《关于两门新科学的对话》中写道："我十分怀疑亚里士多德曾用实验检验过，当两个石头，一个重量是另一个的十倍，从同一高度，如100库比特（库比特是一种长度单位）下落时，其速度的差别会达到这样的程度，以至前者着地时，后者下落还不超过10库比特。"伽利略紧紧抓住这一疑点，设计了理想实验来进行分析和论证。他指出："如果亚里士多德的论断成立的话，即重物体比轻物体下落得快，那么，当两个绑在一起下落时，由于快的受慢的阻碍而减缓，慢的受快的驱使而加快，其结果绑在一起的物体下落的速度一定介于原来两个物体的速度之间，即小于原来重的物体下落的速度。但是，两个物体绑在一起就成了一个复合体，它比原来重的物体还要重，按亚里士多德的论断，复合体下落的速度要大于原来重的物体下落的速度。这就和上面的结论相矛盾了，由此可知重物下落不会比轻物下落快，二者下落的速度应该是相等的"。总之，通过这种简单的逻辑推论（理想实验），伽利略轻松地否定了亚里士多德的落体定律。

### 5. 伽利略建立自由落体定律

在否定了亚里士多德的落体定律之后，伽利略进一步对自由落体运动进行了系统的研究。他根据对自由落体运动的定性观测结果：即在速度越来越快的基础上，假设自由落体运动是一种匀加速运动；对匀速运动和匀加速运动分别做出了定义。在1590－1592年期间，伽利略进行了大量的落体实验，但在当时的测试条件下，不可能立即用实验来验证这一假设，他使用理想实验巧妙地解决了这一难题。

巧妙的推理：

（1）提出假说

伽利略认为，自由落体是一种最简单的变速运动。他设想，最简单的变速运动的速度应该是均匀变化的。但是，速度的变化怎样才算均匀呢？他考虑了两种可能：一种是速度的变化对时间来说是均匀的，即经过相等的时间，速度的变化相等；另一种是速度的变化对位移来说是均匀的，即经过相等的位移，速度的变化相等。伽利略假设第一种方式最简单，并把这种运动叫做匀变速运动。

（2）数学推理

在伽利略的时代，技术不够发达，通过直接测定瞬时速度来验证一个物体是否做匀变速运动是不可能的，但是，伽利略应用数学推理得出了结论：做初速度为零的匀变速运动的物体通过的位移与所用时间的平方成正比，即 $s \propto t^2$.

这样,只要测出做匀变速运动的物体通过不同位移所用的时间,就可以验证这个物体是否在做匀变速运动。

(3) 实验验证

自由落体下落的时间太短,当时用实验直接验证自由落体是匀加速运动仍有困难,伽利略采用了间接验证的方法,他让一个铜球从阻力很小的斜面上滚下,做了上百次的实验,小球在斜面上运动的加速度要比它竖直下落时的加速度小得多,所以时间容易测量些。实验结果表明,光滑斜面的倾角保持不变,从不同位置让小球滚下,小球通过的位移跟所用时间的平方之比是不变的,即位移与时间的平方成正比。由此证明了小球沿光滑斜面向下的运动是匀变速直线运动,换用不同质量的小球重复上述实验,位移跟所用时间的平方的比值仍不变,这说明不同质量的小球沿同一倾角的斜面所做的匀变速直线运动的情况是相同的。

不断增大斜面的倾角,重复上述实验,得出的值随斜面倾角的增加而增大,这说明小球做匀变速运动的加速度随斜面倾角的增大而变大。

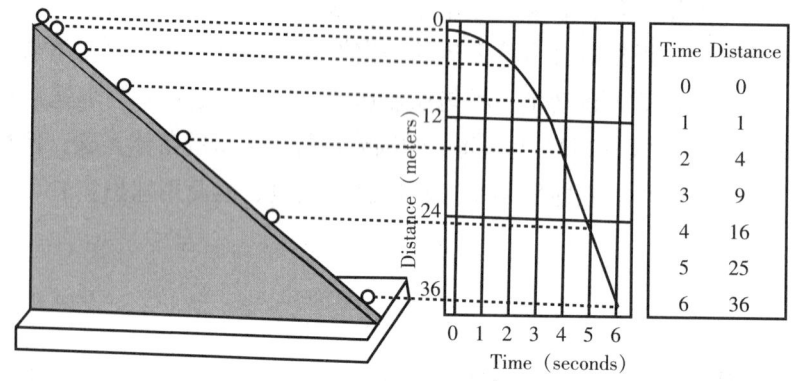

**伽利略的斜面加速实验示意图**

(4) 合理外推

伽利略将上述结果做了合理的外推,把结论外推到斜面倾角增大到90°的情况,这时小球将自由下落,伽利略认为,这时小球仍然会保持匀变速运动的性质。这种从斜面运动到落体运动的外推思想,是很巧妙的。

【实验思想】

伽利略对自由落体的研究,开创了研究自然规律的科学方法,这就是抽象思维、数学推导和科学实验相结合的理想实验方法,这种方法对于后来的科学研究具有重大的启蒙作用，至今仍不失为重要的科学方法之一。

【实验感悟】

伽利略给那个铜球做了一个光滑的木槽，但事实上我们的人生之路却远不是那么一马平川，常常会有这样或那样的挫折与失败。你只有勇敢地面对这些挫折和失败，树立坚强的信念，才能勇往直前，到达成功的彼岸。

这个实验还告诉我们，上帝给予每一个人的机会都是一样的，只有那些付出辛劳和汗水的人才会取得成功。如果在前进的道路上，你不努力，不加倍付出，那么你就可能会落于人后，就有可能与成功失之交臂。所以，如果你想要成功，就必须努力，努力，再努力！

**6. 方法论贡献**

伽利略对自己所独创的物理实验与理想实验相结合的科学方法感到由衷的高兴，他认为："我们可以说，这是第一次为新的科学方法打开了大门，这种带来大量奇妙成果的新方法，在未来的年代里，会受到更多人的重视。"

通过对以上经典理想实验的考察，我们发现"理想实验"是一种源于现实而又高于或超越现实的创造思维过程。伽利略在对运动学、动力学等领域的研究过程中，克服科学技术条件、客观事物本身复杂性的限制，运用创造思维，通过设想、推导、类比、论证等辩证逻辑分析方法，把具体的真实的物理实验转化为适合逻辑运作的过程。伽利略第一个使用理想实验方法，对亚里士多德的错误理论给予有力的批驳，从而发现了落体定律，为经典力学的发展奠定了基础。又通过"比萨斜塔实验"，把复杂的实际过程加以简化，舍去次要因素，把握必然联系，以创造性思维方式揭示了落体运动的规律和本质，冲破了束缚人们一千多年的亚里士多德理论，从而为近代自然科学的发展开辟了道路。伽利略还发现了经典力学中极为重要的惯性定律，奠定了经典力学的基础。伽利略成功地运用理想实验方法，为牛顿经典力学体系的建立提供了方法论支持。

此后，随着科技的发展和认识活动的深入，理想实验方法在近代科学研究中得到了日益广泛的运用，并出现了马赫、爱因斯坦等善于使用理想实验方法的物理大师。近代科学的各个分支中，均出现了一些著名的理想实验。正如爱因斯坦所说："伽利略的发现以及他所应用的科学的推理方法是人类思想史上最伟大的成就之一，而且标志着物理学的真正开端"。

## 伽利略在科学史上的地位

伽利略的科学发现，不仅在物理学史上，而且在整个科学中都占有极其重要的地位。他不仅纠正了统治欧洲近两千年的亚里士多德的错误观点，更创立了研究自然科学的新方法。

后来，惠更斯继续了伽利略的研究工作，他导出了单摆的周期公式和向心加速度的数学表达式。牛顿在系统地总结了伽利略、惠更斯等人的工作后，提出了万有引力定律和牛顿运动三定律。伽利略的日心说观点完全建立在对天文进行长期观测所获得的大量新发现的可靠事实基础之上。1608年，荷兰眼镜工匠李普塞制成了世界上第一架望远镜。伽利略得知后，立即着手从事望远镜的设计和制作，经过多次实验，终于在1609年到1610年间设计并制造出了放大33倍的天文望远镜。这一望远镜是用凸透镜作为物镜，以凹透镜作为目镜制成的。利用自己制作的望远镜，伽利略进行了长期、大量的天体观测。

伽利略首先对月球进行了观测，他发现了月球表面有深谷、高山和平原。他甚至根据测出的影子确定了月球上山脉的高度。伽利略将望远镜指向天空的任何部分都可以看到无数的星体；肉眼看来是一条连续的光带的银河，原来也是由数不清的暗淡的星星组成的。伽利略还观察到了金星像月亮一样发生月相的变化，而且在不同位相时其可视大小也各不相同。这表明，正如哥白尼所说的一样，金星是围绕太阳运转的。他还发现，太阳也不是光洁无瑕的，它的表面上有黑子，黑子在太阳表面上有规律地运动。伽利略观测到了土星的光环，当时他认为这些光环是由无数的卫星所组成的。伽利略自认为他最重要的天文观测成果是土星卫星的发现。1610年1月17日，伽利略观测到木星有三颗卫星。经过连续几周的跟踪观察，他发现了木星有四颗卫星，即木卫1～木卫4。

早在青年时期，伽利略便怀疑过亚里士多德的学说和托勒密的地心说。上述发现更坚定了他相信哥白尼日心说的信心。1610年伽利略出版了《星际使者》一书，宣传他的新发现。《星际使者》的出版轰动一时，使伽利略获得了极高的荣誉。由于不愿在大学里讲授陈旧的教条，摆脱教学活动对他的研究工作的妨碍并渴望重回故里，他写信给托斯坎纳公国的大公爵，希望到他的宫廷里服务。1610年7月，他被邀请到佛罗伦萨任宫廷数学家和哲学家。他的一些朋友认为这是不明智的决定，因为佛罗伦萨的教会势力很强，对伽利略的研究工作是不利的，后来的事态发展也证明了这一点。

1611年，伽利略又去了罗马，邀请很多人参观他的望远镜，宣传哥白尼的日心说。1613年,他又出版了《关于太阳黑子的通讯》。伽利略的实验活动为哥白尼的日心说提供了有力的证据。由于伽利略的观点触犯了教会的教规,1616年2月,他受到了警告,并且不准他在讲课和著作中再宣传日心说。但伽利略坚持科学真理,不顾教会的警告,又用5年时间,于1632年写出了近代科学史上具有重大意义的著作《关于托勒密和哥白尼两大世界体系的对话》,并于1632年2月出版。被激怒了的教会,对伽利略进行了严厉审判,并对他判以终身监禁。从此,伽利略失去了继续研究天文学的条件,转而致力于力学的研究。1642年1月8日,伽利略病逝,葬仪草率简陋,直到下一世纪,遗骨才迁到家乡的大教堂。

## 三、罗伯特·密立根的油滴实验

罗伯特·密立根的油滴实验排名十大实验第三。

1923年12月10日,在瑞典斯德哥尔摩的音乐厅里,美国著名物理学家R·A·密立根(Robert Andrews Millikan,1868-1953)登上了领奖台,领取了物理学的最高荣誉——诺贝尔物理学奖。他由于用"油滴法"巧妙而精确地测量了电子电荷以及在光电效应方面的研究而获此殊荣。

罗伯特·密立根

电荷有两个基本特征:一是遵循守恒定律;二是具有量子性。所谓量子性,是说存在正的和负的基本电荷,一切带电物体的电荷都是基本电荷的整数倍。人们已确知负的基本电荷即电子电荷,正的基本电荷即质子电荷。然而在这些微观理论确立之前,人们是在对电现象的漫长的观察和研究中,才逐步感知到电荷的基本特征——守恒性和量子性,并逐步用实验进行验证。1834年,法拉第通过实验建立了电解定律:等量电荷通过不同电解液时,电极上析出物质的质量与该物质的化学当量成正比。电解定律可以解释为在电解过程中,形成电流的是正、负离子的运动,这些离子的电荷是基本电荷的整数倍。1897年,J·J·Thomson发现了电子,并测出了这种基本粒子的比荷。然而,直接以实验验证电荷量子性并以寻求测定基本电荷为目的的实验则首推密立根油滴实验。1909年,密立根和他的研究生开始测定电子电荷的时候,还没有人求得这一基本常数的可靠值。电子是非常小的微观粒子,它所携带的电荷极其微小,因此,要测量电子的电荷是很困难的。

密立根最初研究该课题时,是利用在威耳逊实验基础上改进的方法。这一方法的要点是:首先测定带电水蒸气云在引力作用下的下降速率,然后用电场的反向作用力修正这一速率,再利用斯托克斯定律(Stokes Law)(斯托克斯定律是指与黏滞力相比,惯性力可以忽略的情况下由斯托克斯导出的阻力表达式。实验表明:黏滞阻力的大小与物体的形状,速度$v$,流体的黏滞系数$\eta$等有关,对半径为$r$的小球,其黏滞阻力为$f=6\pi\eta rv$)算出云雾的质量,这样一来,在原则上就可以算出离子电荷。但是密立根认识到这一方法中存在许多不确定性,包括云雾表面的蒸发干扰了它的下降速度的测定。为了对此进行纠正,他很快研究了当强电场使云雾处于驻定位置时云雾的蒸发。当密立根加上强电场时,云雾消失了,在原来有云雾的地方只留下少数水滴,相当于所加的电场缓慢运动。他很快认识到,测定单个水滴上的电子电荷比测定云雾中大量粒子的电荷要精确得多,于是设计了一种研究单个水滴在电场和重力场作用下运动的方法。密立根可以做到在水滴蒸发前,有45秒时间来测定水滴上的电荷。更为重要的是,他观测到任何给定的水滴上的电荷总是一个定值的整数倍,这一结果为电子是一个具有同样电荷与质量的基本粒子提供了最有说服力的证据。然而,密立根所采用的这种测量方法仍然有其固有的误差和不确定性。

后来,密立根用油滴代替水滴,使实验方法大大改进。因为油的挥发性较低,可以使测定油滴的升降达4~5小时。这个经过改进的方法不仅完全摆脱了原来的局限性,而且构成了一种研究电离作用的全新方法,它在各个方面上都能给出重要的结果。

1. 使一微小油滴带上1~150之间的任何所需数目的电离空气的离子。

2. 通过对携带该离子的油滴在电场和重力场中行为的研究,为"所有电荷,不论是怎样产生的,都是某一确定基本电荷的精确倍数"这一理论的正确性提供了直接而确切的证明。即它证明了电荷并不是均匀地分布在带电体表面上,而是具有一种明确的微粒结构。事实上是一些数目确定的微粒,它们全都极为相像,并像胡椒面一样散布在带电体的表面上。

3. 直接测定了一个分子动能的数量级,这为物质的分子动理论的正确性提供了全新的、直接的和最可信的证据。

4. 证明了大多数离子,不论为正还是为负,带的都是基本电荷的整数倍的电荷量。

下面向同学们简要介绍密立根油滴实验的装置和测量过程。

如图1.3-1所示,密立根油滴实验仪主要由电源、观察显微镜、油滴室、照明系统等组成。仪器电源将交流220V输入电压变为直流500V和交流7V;观察显微镜带有刻度分划板,便于读出油滴运动的距离,配合计时秒表,可测定油滴运动速度,利用齿轮与齿条的调焦,能清晰地观察油滴。油滴室内是两块水平放置的平行金属板组成的电容器,电容器上的直流电压在0V~500V内可连续调节,平行极板的极性由三挡换向开关转换,电压大小由直流电压表指示,改变电压的大小和正负可以控制油滴在电场中运动的快慢和方向;照明系统采用6~8V、3W灯泡为光源,发热量小,发出的光经聚光镜将平行极板内的油滴照亮，可绕转臂旋转，便于调节视场照度。此外，还配有喷雾器、钟表油、秒表等附件。

如图 1.3-2 所示，用喷雾器将油滴喷入两块相距为 $d$ 的水平放置的平行极板之间，喷射时油滴由于摩擦而带电。设油滴的质量为 $m$，所带电量为 $q$，加在两平行极板之间的电压为 $U$，油滴在两平行极板之间将受到重力 $mg$ 和电场力 $\dfrac{qU}{d}$ 的作用。通过调节两极板间的电压 $U$，可使油滴所受电场力与重力平衡而悬浮在两极板之间，即 $mg = \dfrac{qU}{d}$. （1）

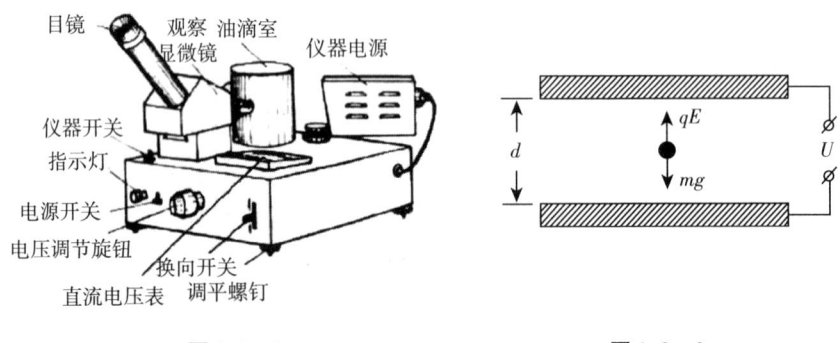

图 1.3-1   图 1.3-2

在平行极板间未加电压时，球状油滴受重力作用而加速下降，由于空气的黏滞性对油滴产生一个与其速度大小成正比的阻力，使油滴下降一小段距离而达到某一速度 $v$ 后，黏滞阻力与重力达到平衡（忽略空气的浮力），油滴以此速度匀速下降。

由斯托克斯定律和力的平衡条件可得 $f = 6\pi r \eta v = mg$ （2）

式中 $\eta$ 为空气的黏滞系数，$r$ 为油滴的半径。

设油滴的密度为 $\rho$，则油滴的质量为 $m = \dfrac{4\pi \rho r^3}{3}$ （3）

由（2）、（3）式可得油滴的半径为 $r = 3\sqrt{\dfrac{\eta v}{2\rho g}}$ （4）

但是，斯托克斯定律对均匀介质才成立，对于半径小到 $10^{-6}$ m 的油滴，其尺度接近空气空隙的大小，空气已不能看作连续介质，因此斯托克斯定律应修正为 $f = \dfrac{6\pi r \eta \mu}{1 + \dfrac{b}{rp}}$ （5）

式中修正常数 $b = 6.17 \times 10^{-6}$ m·cmHg，大气压强 $p$ 的单位为 cmHg.

在平行板间未加电压时,设油滴匀速下降 $L$ 距离所用的时间为 $t$,则油滴匀速下降的速度为 $v = \dfrac{L}{t}$. $\hspace{5cm}$ (6)

由力的平衡条件和(3)、(5)、(6)式可得油滴的半径为:

$$r = 3\sqrt{\dfrac{\eta L}{2\rho g t\left(1+\dfrac{b}{rp}\right)}} \tag{7}$$

其中,(7)式根号下虽然还包含油滴的半径 $r$,但因为它处于修正项中,不需要十分精确,仍可用(4)式来表示。由(3)、(6)、(7)式可得油滴的质量为:

$$m = 36\rho\pi\left[\dfrac{\eta L}{2\rho g t\left(1+\dfrac{b}{3p}\sqrt{\dfrac{2\rho g t}{\eta L}}\right)}\right]^{\frac{3}{2}} \tag{8}$$

由(1)、(8)式可得油滴的电量为:

$$q = \dfrac{36\pi\rho g d}{U}\left[\dfrac{\eta L}{2\rho g t\left(1+\dfrac{b}{3p}\sqrt{\dfrac{2\rho g t}{\eta L}}\right)}\right]^{\frac{3}{2}} \tag{9}$$

1913年,密立根完成了精确测定电子电荷的工作,在《物理学评论》第1卷第2期(1913)上发表了题为《关于基本电荷和阿伏伽德罗常量》的长篇论文,公布了测定的电子电荷值为 $(4.774 \pm 0.009) \times 10^{-10}$ 静电单位。

密立根的历史功绩就在于以巧妙的实验,确凿的数据证明了电荷的量子性。正如物理学家加尔斯特兰德所说:"他(密立根)对单位电荷的精确求值是对物理学的不可估量的贡献,它能使我们以较高的精密度计算大量最重要的物理常量。"电子电荷是最基本的物理常量之一,是现代物理学的一块重要基石。

**【实验思想】**

密立根油滴实验并没有直接测量电量很小且不易获得的单个电子的电荷量,而是通过对很小的带电油滴在重力场和静电场中运动的测量,利用平衡测量法分别测定了油滴的半径、质量与电量,从而说明了电荷量是不连续的。即将微观量测量转化为宏观量测量,采用宏观的力学模型研究了微观粒子的量子性。

**【实验感悟】**

有的时候我们就像那个油滴,经常要穿过这样或那样的场合。重要的是,在走过这些地方的时候,我们是否像油滴一样从电场里得到了静电?随时随地利用环境,充实自己,是通往成功路上重要的细节。

永远不要小看自己，只要做好这个油滴，在这个社会里起到自己应有的作用，你其实就已经成功了。所以，不要期望做什么大事业，毕竟不是人人都可以成就大事业的。做好你分内的小事，不也一样为社会做出贡献了吗？

**主要科学成就：**

**1. 测量基本电荷**

密立根最著名的实验成就是用在电场和重力场中运动的带电油滴精确地测定了基本电荷。这个工作从 1907 年开始，直到 1913 年才最后完成，得到了电子电荷 $e$ 的数值。

**2. 对光电效应的实验研究**

1916 年，他的实验结果完全肯定了爱因斯坦的光电效应方程，并且从图像中测出了普朗克常数 $h$ 的值。

**3. 对 $X$ 射线的研究**

他还从事电子在强电场作用下逸出金属表面的实验以及一些金属的 $X$ 射线研究，发现了近 1000 条谱线，这项工作有助于把 $X$ 射线谱和光学光谱连接起来。他对 $X$ 射线谱的分析工作，在理论上和索末菲关于可见光双重线理论产生极大的分歧，引起物理学者的广泛注意，最终导致 G·E·乌伦贝克和 S·A·古兹密特两人在 1925 年提出电子自旋理论。

**4. 对宇宙射线的研究**

密立根在宇宙线方面也做过研究，积累了大量的不同高度不同地区的实验数据，发现了宇宙线的纬度效应的大小与经度有关，纠正了早期认为宇宙线是由光子组成的观点。他和他的学生用强磁场中的云室对宇宙线的实验研究，导致他的学生安德森在 1932 年发现了正电子。

**5. 对物理教育事业的贡献**

1921 年起，密立根任教于加利福尼亚理工学院。由于他的努力，终于使该校成为世界上最著名的科学中心之一。

密立根教授从事教学科研的一生中，写过许多科学论著。

主要著作有：

1902 年发表的《力学、分子物理学与热学》；

1917 年发表的《电子》；

1935 年发表的《电子（＋、－）、质子、光子、中子与宇宙射线》；

1939 年发表的《关于宇宙射线的三篇报告》。此外，他还与别人合著过关于各种科学的教科书和有关哲学方面的著作。

## 四、牛顿的棱镜分解太阳光

牛顿是世界近代科学技术史上伟大的物理学家、天文学家和数学家。他一生中，不仅在经典力学研究上做出了卓越的贡献，是经典力学的奠基者，而且在热学、光学、天文学、数学等方面都做出了卓越的贡献。牛顿曾致力于颜色现象和光的本性的研究，他一个人独立完成的用棱镜分解太阳光实验被评为"十大最美物理实验"之四。

牛顿

17 世纪以前，人们都认为白色是一种再纯不过的光，而平常我们所见到的各种颜色是因为某种原因而发生变化的光，是不纯净的。直到 17 世纪中叶以后，牛顿通过实验颠覆了人们对光的颜色的认识。

白光发散为彩色光谱

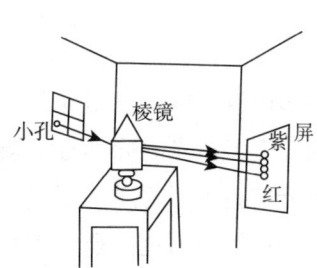

图 1.4－1

牛顿的实验是这样做的：如图 1.4－1 所示，把一间屋的所有窗户、门等透光的地方用厚实的布遮挡起来，屋子里什么也看不见，这样就制造了一个暗室。在暗室朝向太阳的一扇窗上开一个小孔，让一束太阳光通过这个小孔进入室内，在光束经过的路径上放一块三角形的玻璃棱镜，小洞对面的墙上就会观察到一个由各种颜色的圆斑组成的像，颜色的排列是红、橙、黄、绿、蓝、靛、紫，偏离最大的一端是紫光，偏离最小的一端是红光。牛顿把这个颜色光斑叫做光谱。仅凭这个实验还不足以证明白光（太阳光）具有复杂的成分，并可以分解为单一颜色的光。为此，牛顿又设计了另一个实验，牛顿把这个实验称为"判决性实验"，即在玻璃三棱镜后面放一张白纸作为光屏，在这张白纸上再开一个小孔，让透过这个小孔的光线再经过第二个玻璃三棱镜，并在它后面放一张新的白纸。实验表明，第二个棱镜只是把这束色光整体偏转一定的角度，并不改变光的颜色。牛顿转动第一个棱镜，使光谱中不同颜色的光依次通过第一张白纸上的小孔，发现这些不同颜色的色光均不能被第二个棱镜再次分解，都只是偏转了一定的角度，并且不同颜色的光的偏转角度也不同。通过这些实验，牛顿得出结论：白光能分解成不同颜色的光，这些光已是单色的了，棱镜不能再分解它们。

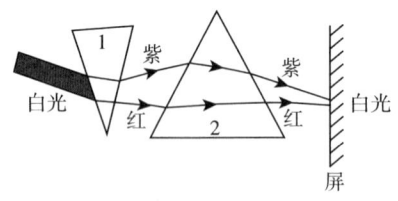

图 1.4 - 2

为了进一步证明白光是由各种颜色的单色光组合而成的，牛顿还做了一个实验，他用棱镜将白光束分解为光谱后，再通过另一个顶角较大的倒置棱镜（如图 1.4 - 2），他设想，由于第二个棱镜顶角较大，使不同色光的偏折程度大于第一个棱镜，所以不同色光又会会聚起来，在第二个棱镜后面的某一区域交汇，若在这一区域内置一屏幕，则屏幕上将会重现出白光。实验现象与预想的完全一致，从而证实了白光的确具有复杂的成分，并能分解成不同颜色的单色光，棱镜不能再分解这些单色光，且每一种颜色的光都有自己确定的折射率。通过上述实验，牛顿为光的色散理论奠定了基础。牛顿的色散实验表明，太阳光是由许多不同颜色的光混合而成的。物理学中把不能再分解的色光叫做单色光，由单色光混合而成的光叫做复色光。太阳光就是一种复色光。牛顿通过一系列的色散实验和理论研究，把结果归纳为以下几点：

（1）光线随着它的折射率不同而颜色各异。颜色不是光的变样，而是光线本来就固有的性质。

（2）同一颜色属于同一折射率，反之亦然。

（3）颜色的种类和折射的程度为光线所固有，不因折射、反射和其他任何原因而变化。

（4）不存在自身为白色的光线。白色是由其他颜色的光线适当混合而产生的。

(5) 自然物的颜色是由于该物质对某种光线反射得多,而对其他光线反射得少。

继牛顿之后许多科学家还发现,不同物质发射出的光谱是由一条条不同颜色的细亮线构成的,这就是光谱线,从而创立了现代光谱学,并利用光谱研究物质的原子结构等。今天,小到分子、原子,大到星球、宇宙,人类对自然界的认识很大程度上都是依赖于各种光谱带来的信息。可以说,牛顿的实验开创了现代物理学的重要领域——光谱学研究的先河。

由于白光可以分解,也可以合成,后来的科学家从牛顿的实验中得到启发,发现了三原色,即红色、绿色和蓝色,利用三原色组合可以得到各种颜色的光。现在三原色原理在人们的实际生活中有很多应用,最突出的是彩色电视机显像管和彩色照片。利用三原色原理,人们还可以进行彩色印刷等。可见,光的色散原理对人类文明的贡献是多么巨大。总之,通过白光的分解,使人们对光有了更清晰的认识,色彩缤纷的物质世界也因此变得容易解释。

牛顿三棱镜分解太阳光的实验是通过最简单的实验手段,利用最简单的实验器材,揭示了最深刻的科学真理,在科学史上将永远记载着这光辉的一页。牛顿的成功与他勤奋,刻苦钻研,善于观察、实践,执着追求并勇于创新的精神是分不开的。

**【实验思想】**

利用棱镜将白光束分解为单色光;利用棱镜将单色光合成白光。这是分解与合成的等效思想。

**【实验感悟】**

白光不一定就不美丽,在它平淡的外表下,就隐藏着赤橙黄绿青蓝紫。就如我们的生活,大部分的时候,它就像一杯白开水,平淡而无味,但是如果我们用心去感受,就会发现,无论多么平淡的生活,都可以过得绚丽而多姿多彩,只要你心中充满阳光,只要你心中充满快乐。

著名雕塑家罗丹曾经说过:"生活中并不缺乏美,缺乏的,只是发现美的眼睛。"所以,你不要抱怨生活的平淡和乏味,也不要抱怨工作的繁忙和疲惫,你所需要的是去发现,去创造,因为很多五彩缤纷的时刻就隐藏在这平淡的生活中。快快找到属于自己的三棱镜,使你看似平淡的生活过得丰富多彩吧!

**牛顿的主要成就:**

**1. 力学方面的贡献**

牛顿在伽利略等人工作的基础上进行深入研究,总结出了物体运动的三个基本定律（即牛顿运动三定律），这三个物体运动定律，为经典力学奠定了坚实的基础，并对其他学科的发展产生了巨大影响。第一定律的内容伽利略曾提出过，后来 R·笛卡儿作过形式上的改进，伽利略也曾非正式地提到第二定律的内容。第三定律的内容则是牛顿在总结 C·雷恩、J·沃利斯和 C·惠更斯等人的结果之后得出的。

牛顿是万有引力定律的发现者。他在 1665 年－1666 年开始考虑这个问题。万有引力定律（Law of universal gravitation）是艾萨克·牛顿在 1687 年于《自然哲学的数学原理》上发表的。1679 年，R·胡克在写给他的信中提出，引力应与距离平方成反比，地球高处抛体的轨道为椭圆，假设地球有缝，抛体将回到原处，而不是像牛顿所设想的轨道是趋向地心的螺旋线。牛顿没有回信，但采纳了胡克的见解。在开普勒行星运动定律以及其他人的研究成果上，他用数学方法导出了万有引力定律。

牛顿把地球上物体的力学和天体力学统一到一个基本的力学体系中，创立了经典力学理论体系，正确地揭示了宏观物体低速运动的运动规律，实现了自然科学的第一次大统一。这是人类对自然界认识的一次飞跃。

牛顿指出流体黏性阻力与剪切率成正比。他说："流体部分之间由于缺乏润滑性而引起的阻力，如果其他都相同，与流体部分之间分离速度成比例。"现在把符合这一规律的流体称为牛顿流体，其中包括最常见的水和空气，不符合这一规律的称为非牛顿流体。

关于声的速度，牛顿正确地指出，声速与大气压平方根成正比，与密度平方根成反比。但由于他把声传播当作等温过程，结果与实际不符，后来 P·S·拉普拉斯从绝热过程考虑，修正了牛顿的声速公式。

**2. 数学方面的贡献**

（1）创建微积分

17 世纪以来，原有的几何和代数已难以解决当时生产和自然科学所提出的许多新问题，例如：如何求出物体的瞬时速度与加速度？如何求曲线的切线及曲线长度（行星路程）、矢径扫过的面积、极大极小值（如近日点、远日点、最大射程等）、体积、重心、引力等等；尽管牛顿之前已有对数、解析几何、无穷级数等方面的成就，但还不能圆满或普遍地解决这些问题。当时笛卡儿的

《几何学》和瓦里斯的《无穷算术》对牛顿的影响很大。牛顿将自古希腊以来求解无穷小问题的种种特殊方法统一为两类算法：正流数术（微分）和反流数术（积分），反映在1669年的《运用无限多项方程》、1671年的《流数术与无穷级数》、1676年的《曲线求积术》三篇论文和《原理》一书，以及被保存下来的1666年10月他所写的并在朋友们中间传阅的一篇手稿《论流数》中。所谓"流量"就是随时间而变化的自变量，如 $x$、$y$、$s$、$u$ 等，"流数"就是流量的改变速度，即变化率，他说的"变化率"就是微分。与此同时，他还在1676年首次公布了他发现的二项式定理。牛顿利用它还发现了其他无穷级数，并用来计算面积、积分、解方程等等。1684年，莱布尼兹在对曲线的切线研究过程中引入了拉长的"S"作为微积分符号，从此牛顿创立的微积分学在各国迅速推广。

微积分的出现，成为数学发展中除几何与代数以外的另一重要分支——数学分析（牛顿称之为"借助于无限多项方程的分析"），并进一步发展为微分几何、微分方程等等，这些又反过来促进了理论物理学的发展。例如，瑞士J·伯努利曾征求最速降落曲线的解答，这是微分的最初始问题，半年内全欧数学家无人能解答。1697年的一天，牛顿偶然听说此事，当天晚上一举解出，并匿名刊登在《哲学学报》上。伯努利惊异地说："从这锋利的爪中我认出了雄狮"。

微积分的创立是牛顿最卓越的数学成就。牛顿为解决运动问题，创立的这种和物理概念直接联系的数学理论，牛顿称之为"流数术"。它所处理的一些具体问题，如切线问题、求积问题、瞬时速度问题以及函数的极大和极小值问题等，在牛顿之前已经有人进行了大量的研究。但牛顿超越了前人，他站在了更高的高度，对以往分散的结论加以综合，将自古希腊以来求解无限小问题的各种技巧统一为两类普通的算法——微分和积分，并确立了这两类运算的互逆关系，从而完成了微积分发明中最关键的一步，为近代科学发展提供了最有效的工具，开辟了数学发展史上的一个新纪元。

牛顿并没有及时发表微积分的研究成果，他研究微积分可能比莱布尼茨早一些，但是莱布尼茨所采取的表达形式更加合理，而且关于微积分的著作出版时间也比牛顿早。

牛顿对解析几何与综合几何都有贡献。他在1736年出版的《解析几何》中引入了曲率中心，给出了密切线圆（或称曲线圆）概念，提出了曲率公式及计算曲线的曲率方法，并将自己的许多研究成果总结成专论《三次曲线枚举》，于1704年发表。此外，他的数学工作还涉及数值分析、概率论和初等数论等众多领域。

牛顿在前人工作的基础上，提出"流数（fluxion）法"，建立了二项式定理，并和G·W·莱布尼茨几乎同时创立了微积分学，得出了导数、积分的概念和运算法则，阐明了求导数和求积分是互逆的两种运算，为数学的发展开辟了一个新纪元。

（2）二项式定理

在1665年，刚好二十二岁的牛顿发明了二项式定理，这对于微积分的快速发展是必不可少的一步。二项式定理在组合理论、开高次方、高阶等差数列求和，以及差分法方面均有广泛的应用。

二项式级数展开式还是研究级数论、函数论、数学分析、方程理论的有力工具。

### 3. 光学方面的贡献

牛顿曾致力于颜色现象和光的本性的研究。1666年，他用三棱镜研究白光，得出结论：白光是由不同颜色（即不同波长）的光混合而成的，不同波长的光有不同的折射率。在可见光中，红光波长最长，折射率最小；紫光波长最短，折射率最大。牛顿的这一重要发现成为光谱分析的基础，揭示了光颜色的秘密。牛顿还曾把一个磨得很精、曲率半径较大的凸透镜的凸面压在一个十分光洁的平面玻璃上，在白光照射下可看到中心的接触点是一个暗点，周围则是明暗相间的同心圆圈。后人把这一现象称为"牛顿环"。他创立了光的"微粒说"，从一个侧面反映了光的运动性质，但牛顿对光的"波动说"并不持反对态度。1704年，他出版了《光学》一书，系统阐述了他在光学方面的研究成果。

### 4. 热学方面的贡献

牛顿确定了冷却定律，即当物体表面与周围有温差时，单位时间内从单位面积上散失的热量与这一温差成正比。

### 5. 天文学方面的贡献

牛顿于1672年发明了反射望远镜。他用质点间的万有引力证明，密度成球对称的球体对外的引力都可以用同质量的质点放在中心的位置来代替。他还用万有引力原理说明潮汐的各种现象，指出潮汐的大小不但同月球的位相有关，而且同太阳的方位有关。牛顿还曾预言地球不是正球体。

### 6. 哲学方面的贡献

牛顿的哲学思想基本属于自发的唯物主义，他承认时间、空间的客观存在。如同历史上一切伟大人物一样，牛顿虽然对人类做出了巨大的贡献，但他也不能不受时代的限制。例如，他把时间、空间看作是同运动着的物质相脱离的东西，提出了所谓绝对时间和绝对空间的概念；他对那些暂时无法解释的自然现象归结为上帝的安排，提出一切行星都是在某种外来的"第一推动力"作用下才开始运动的说法。

《自然哲学之数学原理》

《自然哲学之数学原理》是牛顿最重要的著作，1687年出版。该书总结了他一生中许多重要发现和研究成果，其中包括上述关于物体运动的三大定律。他说，该书"所研究的主要是关于重、轻流体抵抗力及其他吸引运动的力的状况，所以我们研究的是自然哲学的数学原理。"该书传入中国后，中国数学家李善兰曾译出一部分，但未出版，译稿也遗失了。现有的中译本是数学家郑太朴翻译的，书名为《自然哲学之数学原理》，1931年商务印书馆初版，1957年、1958年两次重印。

亚里士多德的哲学讲求事物的和谐，追求和谐思想是正确的，但亚里士多德认为天上的日、月、星辰的运行轨道是圆形，因为只有圆周运动才是完美的、和谐的，而地上的运动，例如重物直线下落是凡俗的。古希腊哲学家的和谐思想不能在天与地之间连贯。到了17世纪，牛顿用引力理论和运动三定律把天上行星和它们的卫星运动规律，同地上重力下坠的现象统一起来，实现了天上人间的统一，这是牛顿在自然哲学上的伟大贡献。众所周知，牛顿在理解光的本质上支持微粒说，但他在同胡克、惠更斯等讨论光的本质时，说光具有这种或那种本能激发以太的振动。这意味着以太是光振动的媒质。至此，似乎牛顿对光的双重性有所理解；其实不然，他认为以太媒质之存在极似空气之无所不在，只是远为稀薄、微细而具有强有力的弹性。他又申辩说，就是由于以太的动物气质才使肌肉收缩和伸长，动物才得以运动。他又进一步用以太来解释光的反射与折射，透明与不透明，以及颜色的产生。《原理》第二编第六章诠释的结尾说，从记忆中他曾做实验倾向于以太充斥于所有物体的空隙之中的说法，虽然以太对于引力没有觉察的影响。14、15世纪以来，欧洲的学者对以太着了迷，以太学说风靡一时。当时科学巨擘笛卡儿对以太存在深信不疑，他认为行星之运行可用以太旋涡来解释。以太学说成为一时的哲学思潮。尊重实验的牛顿也不免卷入这股哲学思潮激流中去，倾向于它的存在。当时人们对超距作用看法不一。牛顿曾经指出他的引力相互作用定律，并不认为是最终的解释，而只是从实验中归纳出来的一条规则。因此，牛顿并未就引力本质做出结论。

牛顿在科学上的成就应从他的哲学思想和科学方法上寻根求源。牛顿的学生R·科茨曾在《原理》第2版序言中道出了其中的奥妙。古希腊、罗马的哲学家凭着对自然现象的观察和思考（中国先秦时代也有类似之处）总结出论断，例如泰勒斯的学说：万物的根源是水。即使像德谟克利特、卢克莱修的原子论，现在的评价还是很高的。但是他们的方法是凭天才的臆测、思维与辩论，称之为思辨哲学。到了中世纪，经院哲学统治着欧洲。科学、哲学沦为神学的奴婢。到了15、16世纪，哥白尼、G·布鲁诺、伽利略等人不畏坐牢、火刑等危险，坚持不屈地与教会做斗争，最终挣脱了侍奉上帝的桎梏。从此之后，对自然现象的观察、测量和实验的风气逐渐形成了。在物理学科中，伽利略的实验工作是实验物理学的开端，牛顿深受其影响。牛顿后来使作为实验科学的物理学形成一个光辉体系，同时也使科学实验方法闯入了哲学思想的殿堂。

牛顿认为从现象中可以得出科学原理，或者说科学基本原理可以从现象中得到或推出。牛顿在《原理》和《光学》两书中明确表达出了他做学问的方法，既要猜测、假设和实验结果（及由此而归纳得出的结论），还要从某些假设条件下得到数学推导。1713年，牛顿在出版《原理》第2版时给他的学生科茨的信中提到运动定律是居于首位的定律或称之为公理，并说它们都是从现象中推断或演绎而来的，并运用归纳法使之普适化。牛顿说："这是一个命题在哲学中所能达到最高境界的例证。"诚然，必须看到归纳与演绎不能人为地对立起来。恩格斯指出"归纳和演绎正如分析和综合一样，是必然相互联系着的。关于实验与假设之间的关系，牛顿在各种场合都有论述。他在给奥尔登堡的信中说："进行哲学研究的最好和最可靠的方法，看来先要勤勤恳恳地探索事物的属性并用实验来证明这些属性。然后建立一些假说，用以解释这些事物的本性。"给科茨信中说："任何不是从现象中推论出来的说法都应称之为假说，而这样一种假说无论是形而上学的还是物理学的，无论属于隐蔽性质的还是力学性质的，在实验哲学中都没有它们的地位。"牛顿这些论述奠定了自然哲学的基础，开启了实验科学的大门，为自然科学的繁荣建立了不朽功勋。牛顿研究事物规律的方法不同于那些只从简单的物理假设出发的人，而是通过逻辑的演绎得到对事物现象的解释。爱因斯坦指出："牛顿第一个成功地找到了一个用公式清楚表述的基础，从这个基础出发，他用数学的思维，逻辑地、定量地演绎出范围很广的现象并且同经验相符合"。在牛顿之前还没有什么实际的结果支持那种认为物理因果关系有完整链条的信念。牛顿是完整的物理因果关系创始人，而因果关系正是经典物理学的基石。

1942年，爱因斯坦为纪念牛顿诞生三百周年，对牛顿的一生作了如下的评价"只有把他的一生看作为永恒真理而斗争的舞台上一幕才能理解他"。此赞语是最恰当不过了。

## 五、卡文迪许扭秤实验

纵观物理学史可以知道，每一个物理学规律的发现，都需要科学实验来证实其正确性。在万有引力定律被牛顿发现之后的近百年的时间里，科学家们一直在不断地探索，寻找一种科学的实验方法验证其正确性，并力求测量出引力常数。卡文迪许扭秤的设计，不仅仅测得了引力常数，而且打开了研究宇宙中物体间的作用以及规律之门。卡文迪许扭秤实验的设计中，运用了丰富的科学方法。

卡文迪许扭秤实验排名十大实验第六。

### 卡文迪许扭秤实验

人人皆知的万有引力定律，当时及后来的物理学家们对该定律的真实性没有多大怀疑——因为定律与天文观测数据相符。尽管如此，正像物理学其他概念及理论一样，他们需要最直接的实验证据——即在实验室条件下能够得到重复验证。由于技术上的困难实在太大，对实验者的技能要求又太高，因此牛顿时代没能完成直接的实验验证，时间过了一百三十多年，才由卡文迪许以他那非凡的技能和智慧完成了这一壮举。

卡文迪许

测量地球密度的方法，在卡文迪许之前就早已由英国机械师米歇耳（John Michell，1724 – 1793）提出。他改进了米歇尔设计的扭秤，在其悬线系统上附加小平面镜，利用望远镜在室外远距离操控和测量，防止了空气的扰动（当时还没有真空设备）。他用一根 39 英寸的镀银铜丝吊上一根 6 英尺木杆，杆的两端各固定一颗直径 2 英寸的小铅球，另用两颗直径 12 英寸的固定着的大铅球吸引它们，计算出两颗铅球的引力，由计算得到的引力再推算出地球的质量和密度。

如图所示，卡文迪许扭秤的主要部件是一个轻而坚固的倒置的 T 型架，横臂的两端各装一质量为 $m$ 的小球，T 型架的竖直部分是一根弹性良好的细金属丝，上面固定一小平面镜，用来将射来的光线反射到一根刻度尺上。实验时，把两个质量为 $m'$ 的大球放在图示位置，它们跟小球的距离相等，且与小球在同一水平面内。由于 m 受到 m′的吸引力 F，金属丝发生扭转，当两个引力 F 对 T 型架的扭转力矩跟金属丝对 T 型架的扭转力矩相平衡时，T 型架静止不动，这时金属丝扭转的角度可以通过小平面镜的反射光在刻度尺上移动的距离放大后求出来，然后根据预先求出的金属丝扭转力矩跟扭转角度的关系，就可以算出这时的扭转力矩，进而求得 m′与 m′之间的引力 F。

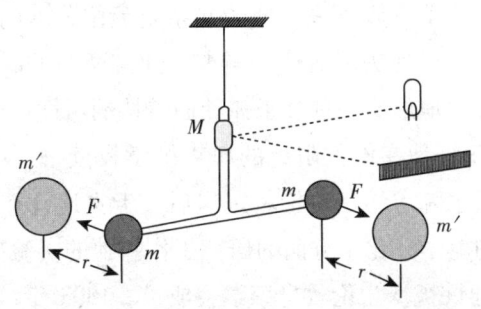

**卡文迪许扭秤实验示意图**

卡文迪许说："由于吸引小球的力是极其微小的，还不到它们重量的 1/50 000 000，显然，一个极小的干扰力就会使实验失败，从实验中可以看出，最难以防止的干扰力来自冷热变化，从而形成一股气流，使臂杆产生相当可观的转动。"为了防止气流的扰动，卡文迪许说："……所以，我决定把仪器放在密闭的房间里，通过一台望远镜从外部观察臂杆的转动。"

卡文迪许在实验中除了对扭秤进行改进，使之更趋精密之外，还对可能影响实验精度的因素，诸如环境、温度、气流、磁性等一并予以考虑。经过多次实验，同时测定了万有引力常数和地球的平均密度。测得的地球的密度是 $5.481\text{g/cm}^3$，与近代测得的数值 $5.517\text{g/cm}^3$ 很接近，并推算出万有引力常量 $G$ 的数值为 $6.754\times10^{-11}\text{N}\cdot\text{m}^2\cdot\text{kg}^{-2}$，现代值为 $6.672\times10^{-11}\text{N}\cdot\text{m}^2\cdot\text{kg}^{-2}$。而他被誉为"第一个称量地球的人"。当然，他的实验结果的重大意义，更在于在实验室条件下，直接验证了牛顿万有引力定律的正确性。这一实验的构思、设计与操作十分精巧，英国物理学家 J·H·坡印廷曾对这个实验写下过这样的评语："开创了弱力测量的新时代"。

**【实验思想】**

卡文迪许"利用扭秤装置测定万有引力常量实验"的基本思想方法便是平衡法（倒置的 T 型架左右两边力矩平衡）；转换法（万有引力的测量转换为石英丝扭转角度的测量，角度的测量转换为三角形边的测量）、放大法（石英丝扭转的小角度可以通过小平面镜的反射光在刻度尺上移动的距离放大后求出来）。

## 怪人卡文迪许

亨利·卡文迪许（Henry Cavendish）是英国杰出的物理学家和化学家，他的一生为科学的发展做出了重要的贡献。也许这位科学家在生活中不是一个出色的人，但在科学研究中不愧为一颗闪亮的明星。1731年10月10日，卡文迪许出生于法国尼斯的一个贵族家庭。他的父亲是英国公爵的后裔，因为他的母亲喜欢法国的气候，才搬到法国居住。当卡文迪许两岁的时候，他的母亲就去世了。由于早年丧母，他形成一种过于孤独而羞怯的习性。

1742年–1748年，他在伦敦附近的海克纳学校读书。1749年–1753年期间，在剑桥彼得豪斯学院求学。在伦敦定居后，卡文迪许在他父亲的实验室中当助手，做了大量的电学、化学方面的研究工作。他的实验研究持续达50年之久。1760年，卡文迪许被选为伦敦皇家学会成员。1803年，又被选为法国研究院的18名外籍会员之一。

据说卡文迪许很有素养，但是没有当时英国的那种绅士派头。他不修边幅，几乎没有一件衣服是不掉扣子的。他不好交际，不善言谈，终生未婚，过着奇特的隐居生活。卡文迪许为了搞科学研究，把客厅改成实验室，在卧室的床边放着许多观察仪器，以便随时观察天象。他从祖上继承了大笔遗产，成为一名百万富翁，不过他一点也不吝啬。有一次，他的一个仆人因病导致生活困难，向他借钱，他毫不犹豫地开了一张一万英镑的支票，还问够不够用。卡文迪许酷爱图书，他把自己收藏的大量图书，分门别类地编上号，管理得井井有条，无论是借阅，还是自己阅读，都毫无例外地履行登记手续。卡文迪许可以算是一位活到老、干到老的学者，直到79岁高龄、逝世前夜还在做实验。卡文迪许一生获得过不少外号，如"化学中的牛顿""科学怪人""科学巨擘""最富有的学者""最博学的富豪"等。

卡文迪许也参加过一些社交活动。当时著名博物学家约瑟夫·班克斯每周在家中举行一次科学界名流的聚会，卡文迪许也会参加。班克斯特别告诫其他人，不要靠近那个待在角落里的人。如果他就某个问题发表自己的见解时，人们要装着不在意地晃悠到他身边，还要装着没有听见他说话。如果讨论的问题与科学无关，人们就会听到身后一声惊呼突然响起，转身就会看到卡文迪许正奔向另一个更安静一些的角落。

有一次卡文迪许出席宴会，一位奥地利来的科学家当面奉承了卡文迪许几句，他听了之后，起初大为忸怩，继而手足无措，最后终于坐不住站了起来，冲出室外径自坐上马车回家了。卡文迪许沉默寡言，对慕名来访的客人常常一言不发地陪坐在旁，大脑中一直想着科学问题，使一些帮闲文人尴尬扫兴。他一生致力于科学研究，成果丰硕，但只发表过两篇并不重要的论文。

卡文迪许一生都在实验室和图书馆中度过，在化学、热学、电学方面进行过许多实验探索。但由于他对荣誉看得很轻，所以对于发表实验结果以及得到发现优先权却很少关心，致使其许多成果一直未被公开发表。直到19世纪中叶，人们才从他的手稿中发现了一些极其珍贵的资料，证实了他对科学发展做出过巨大贡献。

卡文迪许最为人称道的科学贡献，首先是他最早研究了电荷在导体上的分布，并于1771年用类似的实验对静电力相互作用的规律进行了说明。他通过对静电荷的测定研究，在1777年向皇家学会提交的报告中说："电的吸引力和排斥力很可能反比于电荷间距离的平方。如果是这样的话，那么物体中多余的电几乎全部堆积在紧靠物体表面的地方。而且这些电紧紧地压在一起，物体的其余部分处于中性状态。"与此同时，他还研究了电容器的容量，制造了一整套已知容量的电容器，并以此测定了各种仪器样品的电容量。而且他还预测到了不同物质的电容率，并测量了几种物质的电容率，初步提出了"电势"的概念。

## 卡文迪许的主要贡献

1781年，卡文迪许首先制得氢气，并研究了其性质，用实验证明它燃烧后生成水。1785年，卡文迪许在空气中引入电火花的实验使他发现了一种不活泼的气体的存在。他还在化学、热学、电学、万有引力等方面进行了许多成功的实验研究，但很少发表，过了一个世纪后，麦克斯韦整理了他的实验论文，并于1879年出版了名为《尊敬的亨利·卡文迪许的电学研究》一书，此后人们才知道卡文迪许做了许多电学实验。麦克斯韦说："这些论文证明卡文迪许几乎预测到电学上所有的伟大事实，这些伟大的事实后来通过库仑和法国哲学家们的著作而闻名于科学界。"早在库仑之前，卡文迪许已经研究了电荷在导体上的分布问题，他还通过实验证明了电荷之间的作用力。他还早于法拉第用实验证明了电容器的电容取决于两极板之间的物质。他最早建立电势概念，指出导体两端的电势与通过它的电流成正比（欧姆定律在1827年才确立）。当时还无法测量电流强度，据说他勇敢地用自己的身体当作测量仪器，以从手指到手臂何处感到电振动来估计电流的强弱。

卡文迪许的最重大贡献之一是1789年完成了测量万有引力常量的扭秤实

验，后世称为卡文迪许扭秤实验。卡文迪许在1766年发表了《论人工空气》的论文并获皇家学会科普利奖章。他还制出了纯氧，并确定了空气中氧、氮的含量，并证明了水不是元素而是化合物。卡文迪许于公元1810年3月10日去世。

## 知识链接

### 卡文迪许实验室因谁命名

英国剑桥大学的卡文迪许实验室是世界上最著名的实验室之一，自实验室建成以后，在第一任实验室主任麦克斯韦及其后继者，特别是汤姆生、卢瑟福等人的努力下，实验室建立了一整套培养研究生的管理体制，树立了良好的学风，成为现代第一个有系统的教学和科研体系的实验室，为世界各国培养出一大批杰出的科学家和现代物理学家，原子和原子核物理的许多重要发现均在这里完成，可以说，现代物理学的重大成就几乎都与该实验室有关。迄今为止，卡文迪许实验室已有瑞利、汤姆生、卢瑟福、查德威克等26名科学家获得诺贝尔奖，被誉为全世界"物理实验室的典范学家的摇篮"，我国物理学家颜任光、赵忠尧、张文裕也曾在卡文迪许实验室深造，做过卢瑟福的门生。

然而，我们好多同学往往把它同用扭秤实验测定万有引力常量 $G$ 的英国化学家、物理学家亨利·卡文迪许（Henry Cavendish，1731 – 1810）联系起来，并认为是为了纪念他，才将这座大型实验室命名为卡文迪许实验室，其实并非如此。

事实上，最早（包括18世纪甚至19世纪以前）的物理实验是在私人住宅中进行的，因为物理仪器昂贵，因此进行物理实验只是极少数人奢侈的"游戏"，而且实验条件也比较艰苦，往往是在地下室或厨房中进行的。19世纪中叶以后的欧洲，随着科学技术的发展，科学研究工作的规模越来越大，实验的专业化和社会化促使物理实验从科学家私人住宅式的自由研究扩展为有一定目标和任务的研究单位。德国柏林大学率先创建了规模较大的物理实验室，使柏林大学因此成为欧洲物理学研究中心之一。之后，英国也效仿德国的模式建立实验室。1871年，剑桥大学物理学教授麦克斯韦受命筹建实验室，1874年建成，因是当时剑桥大学校长威廉·卡文迪许（Wiliam Cavendish，他是亨利·卡文迪许的近亲）私人捐款兴建的，这个实验室就命名为卡文迪许实验室，当时一共用了捐款8450英镑，除盖成一座实验楼以外，还采购了一些仪器设备，而那时亨利·卡文迪许已去世六十年之久。

##  六、埃拉托色尼测量地球圆周长

据记载，世界上第一个仅借助极简单的测量工具计算出地球周长的人是公元前三世纪的古希腊学者埃拉托色尼。埃拉托色尼测量地球圆周长实验排名十大实验第七。

埃拉托色尼　　　　埃拉托色尼计算地球周长的原理示意图

埃拉托色尼博学多才，他不仅通晓天文，而且熟知地理，又是诗人、历史学家、语言学家、哲学家，还曾担任过亚历山大博物馆的馆长。

细心的埃拉托色尼发现：离亚历山大城约八百千米的塞恩城（今埃及阿斯旺附近），夏日正午的阳光可以一直照到井底，因而这时候所有地面上的直立物都应该没有影子。但是，亚历山大城地面上的直立物却有一段很短的影子。他认为：直立物的影子是由亚历山大城的阳光与直立物形成的夹角所造成的。从地球是圆球和阳光直线传播这两个前提出发，从假想的地心向塞恩城和亚历山大城引两条直线，其中的夹角应等于亚历山大城的阳光与直立物形成的夹角。根据相似三角形的比例关系，已知两地之间的距离，便能测出地球的圆周长。埃拉托色尼测出夹角约为七度，大约是地球圆周角（360度）的五十分之一，由此推算地球的周长约为四万（39 360）千米，这与地球实际周长（40 076千米）相差无几，测量误差仅仅在5%以内。他还算出太阳与地球间距离为1.47亿千米，和实际距离1.49亿千米也惊人地相近。这充分展示了埃拉托色尼的智慧。

埃拉托色尼是首先使用"地理学"名称的人，以此代替传统的"地方志"，写成了三卷专著，书中描述了地球的形状、大小和海陆分布。埃拉托色尼还用经纬网绘制地图,最早把物理学的原理与数学方法相结合,创立了数理地理学。

**【实验思想】**

根据相似三角形的比例关系,估测出地球的圆周长,这是利用数学知识估算的思想。

**【实验感悟】**

看似简单的估算,结果却很精确。同样,一个平凡的人,只要掌握"抓住主要矛盾、忽略次要因素"的方法,实际生活中遇到的复杂问题就总能迎刃而解。

## 人物生平

埃拉托色尼曾应希腊国王的邀请,担任皇家教师,并被任命为亚历山大里亚图书馆一级研究员。从公元前234年起接任图书馆馆长。当时亚历山大里亚图书馆是古代西方世界的最高科学和知识中心,那里收藏了古代各种科学和文学论著。馆长之职在当时是希腊学术界最有权威的职位,通常授予德高望重、众望所归的学者。埃拉托色尼担任馆长直到他逝世为止,这也说明了他在古希腊学术界享有很高的声誉。

埃拉托色尼充分地利用了他担任亚历山大里亚图书馆馆长职位之便,使用馆藏丰富的地理资料和地图进行了大量研究工作。他的天才和勤奋使他能够在已有文献资料的基础上,做出科学的创新。埃拉托色尼在地理学方面的杰出贡献,集中地反映在他的两部代表性著作中,即《地球大小的修正》和《地理学概论》两本书。前者论述了地球的形状,并以地球圆周计算最为著名。他创立了精确测算地球圆周的科学方法,其精确程度令人为之惊叹;后者是关于有人居住世界部分的地图及其描述。在该书中,他系统地提出了采用经纬网格编绘世界地图的方法,全面地改绘了爱奥尼亚地图。他以精确的测量为依据,将得到的所有天文学和测地学的成果充分结合起来,因而他所编绘的世界地图不仅在当时具有权威性,而且成为其后一切古代地图的基础。虽然埃拉托色尼的这两部地理著作不幸都失传了,但是通过保存下来的残篇,特别是斯特拉波的引文,后世经过研究对其内容以及他的精辟见解均有深入的了解。

## 七、卢瑟福发现核子

卢瑟福发现核子实验,即中学课本里介绍的α粒子散射实验,排名十大实验第九。

欧内斯特·卢瑟福（Ernest Rutherford）被公认为是二十世纪最伟大的实验物理学家,在放射性和原子结构研究等方面,都做出了重大的贡献。他还是最先研究核物理的人。除了理论上非常重要以外,他的发现还在很大范围内有重要的应用,如核电站、放射性标志物以及运用放射性测定年代。他对世界的影响极其深远,被称为近代原子核物理学之父。

欧内斯特·卢瑟福

### 1. α粒子散射实验

α粒子散射实验装置如图1.7-1所示。在抽成真空的容器内,用一铅块包围着α粒子源,发射的α粒子经一细窄的通道后,形成一束射线,打在一厚度约为0.00004cm的金箔上. 穿过金箔的α粒子打到安装在玻璃片上涂有硫化锌荧光物的荧光屏S上。当被散射的α粒子打在荧光屏上时,就会产生微弱的闪光. 通过放大镜观察闪光就可记下某一时间内在某一方向散射的α粒子数。放大镜、荧光屏与外壳成一整体,可以转到不同的方向对α粒子进行观察。

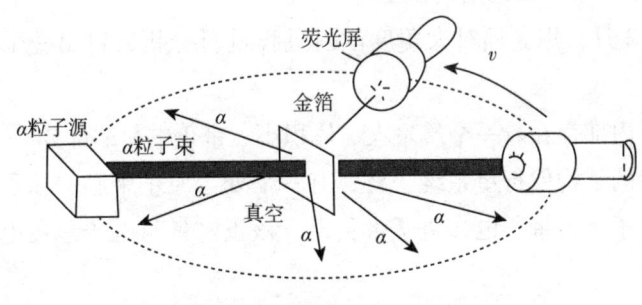

图1.7-1

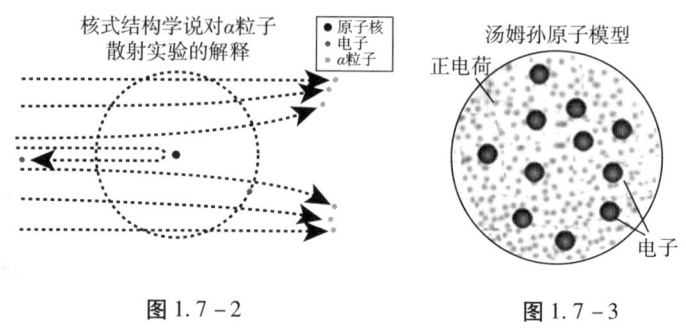

图 1.7-2　　　　　图 1.7-3

1909 年，卢瑟福与他的学生盖革和马斯登观察到一个重要的现象，如图 1.7-2 所示，α 粒子通过金箔散射时，绝大多数如以前所观察到的那样，平均只有 2-3 度的偏转，但有 1/8000 的 α 粒子偏转大于 90°，其中有的接近 180°。根据汤姆孙枣糕模型（图 1.7-3 所示），α 粒子经过一定厚度的金箔后，从统计效果看，最多只有 1% 的 α 粒子偏转角度超过 30°，而大角度（90°或 90°以上）散射的几率只是 1/103500。但实验结果表明，约有 1/8000 的 α 粒子发生了大角度散射，甚至被倒撞回来（将近 180°的大偏转），这种情况确实令人大吃一惊。用卢瑟福的话来说，"这是我一生中从未见过的最难以置信的事件，它的难以置信好比你对一张纸射击一发 15 英寸的炮弹，结果却被反射回来而打在自己身上"。

显然，汤姆孙原子模型在解释科学事实上遇到了不可克服的困难与矛盾，而且其自身的合理性也存在着缺乏实验基础的问题。卢瑟福由此产生了强烈的欲望：建立一个新的模型来合理地解释 α 粒子的大角度散射现象。

**2. 卢瑟福的原子核式结构模型**

1910 年 12 月，卢瑟福对大角度散射过程进行分析，得出一个新的原子结构设想。

假设原子内部存在着一个质量大、体积小、带正电荷的部分——原子核。

原子内部的结构像行星系统一样，有一个处于原子中心的原子核，若干个绕核运转的电子。核带正电，电子带负电，核正电量与电子总负电量相等，所以原子显中性。

核和电子较原子小得多，如果把原子的直径放大到北京人民大会堂一般大，那么核或者电子也不过如黄豆一样大，由此可以想象到原子内部是何等的空旷。

核的质量较电子大得多。核的质量可以是一个氢单位的一倍到二、三百倍；而电子的质量约是一个氢单位的 1/1840。所以可以认为，原子的质量主要集中

在它的核上。(一个氢单位是氧原子质量的1/16)

经过反复思索、研究,他认为α粒子是在同金箔原子的一次碰撞中改变其方向的,因此原子中有一个体积很小、质量很大的带正电荷的原子核,它对带正电荷的α粒子的很强的排斥力使粒子发生大角度偏转。原子核的体积很小,其直径约为原子直径的万分之一甚至十万分之一,核外是很大很空的空间,带负电的、质量比核轻得多的电子在这个空间里绕核运动。按照

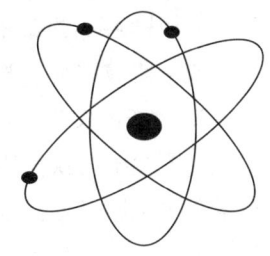

原子核式结构模型

这一模型,α粒子穿过原子时,电子对α粒子运动的影响很小,影响α粒子运动的主要是带正电的原子核。而绝大多数的粒子穿过原子时离核较远,受到的斥力很小,运动方向几乎没有改变,只有极少数α粒子可能与核十分接近,受到较大的斥力,才会发生大角度的偏转。在经过无数次严格的数学推算后,他终于提出了自己的原子结构模型假设,即:原子中心有一个很小的核,正电荷和原子的几乎所有质量都集中在核上,电子则围绕原子核运动。按照这种假设,卢瑟福对他的原子核式模型进行了严密的理论计算,成功地解释了α粒子大角度散射的实验结果。

【实验思想】

借助于对轰击金箔前后的α粒子的运动情况的分析和对比,从而得出原子内部的结构情况。

【实验感悟】

许多事情在我们眼里看起来是模糊的,似乎永远也没有头绪可理。但事实上,如果我们能从一些小的地方入手,会发现这些事情是完全有规律可循的,我们完全可以掌握并应用它。

所以我们做任何事情的时候,不要被眼前乱糟糟的假象所迷惑,应该细心地观察它。如果你有足够的细心和耐心,你会发现,模糊的事情也可以被你慢慢地理出头绪,并最终在你面前清晰起来。这样,一切问题都可迎刃而解。

## 卢瑟福的成就

**1. 关于放射性的研究确立了放射性是来自原子内部的变化**

放射性能使一种原子变成另一种原子,而这是一般物理和化学变化所达不到的。这一发现打破了元素不会变化的传统观念,使人们对物质结构的研究进入到原子内部这一新的层次,为开辟一个新的科学领域——原子物理学,做了

开创性的工作。

**2. 1911 年，卢瑟福根据 α 粒子散射实验现象提出原子核式结构模型**

该实验被评为"物理十大最美实验"之一。

**3. 质子的发现**

卢瑟福被公认为质子的发现人，1918 年他任卡文迪许实验室主任时，用 α 粒子轰击氮原子核，观察到在使用 α 粒子轰击氮气时他的闪光探测器记录到了氢核的径迹。卢瑟福认识到这些氢核唯一可能的来源是氮原子，因此氮原子中必须含有氢核。他因此建议原子序数为"1"的氢原子核是一个基本粒子。卢瑟福发现质子以后，又预言了不带电的中子存在。他对氮核中打出的这种新粒子进行了研究，并测定了它的电荷量与质量，测得它的电荷量为一个单位，质量也为一个单位，卢瑟福将之命名为质子。1919 年，卢瑟福本人用速度是 20 000 千米/秒的"子弹"——α 粒子去轰击氮、氟、钾等元素的原子核，结果发现都有同一种微粒产生，电量数是 1，质量数是 1，这样的微粒正是质子，这也就证明了卢瑟福自己的质子假说是正确的。

**4. 提出原子的核式结构**

他通过 α 粒子大角度散射的研究，无可辩驳地论证了原子的核式模型，因而一举把原子结构的研究引上了正确的轨道，于是他被誉为"原子物理学之父"。由于电子轨道的假设，也就是原子结构的稳定性和经典电动力学的矛盾，才导致玻尔提出背离经典物理学的革命性的量子假设，成为量子力学的先驱。

他发现了质子，预言了中子。卢瑟福考虑到原子核如果完全由质子组成，那么某种元素的原子核所带的正电荷，在数值上一定等于这种元素的原子量，因为元素的原子量，主要是由原子核决定的，核外电子的质量是微不足道的。但是事实并不是这样，元素的原子量总是比它的核所带的正电荷数大一倍或一倍以上，这说明原子核里除了质子之外，必然还有一种质量和质子相仿，但却不带电的粒子存在。所以在 1920 年，他提出了中子假说：原子核里存在一种"中子"微粒，它不带电，质量是一个氢单位。

**5. 人工核反应的实现是卢瑟福的另一项重大贡献**

自从元素的放射性衰变被证实以后，人们一直试图用各种手段，如用电弧放电，来实现元素的人工衰变，而只有卢瑟福找到了实现这种衰变的正确途径。这种用粒子或 γ 射线轰击原子核来引起核反应的方法，很快就成为人们研究原子核和应用核技术的重要手段。在卢瑟福的晚年，他已能在实验室中用人工加速的粒子来引发核反应。

## 桃李满天下

当人们评价卢瑟福的成就时,总要提到他"桃李满天下"。在卢瑟福的悉心培养下,他的学生和助手有多人获得了诺贝尔奖奖金:

诺贝尔奖章

1921年,卢瑟福的助手索迪获诺贝尔化学奖;

1922年,卢瑟福的学生阿斯顿获诺贝尔化学奖;

1922年,卢瑟福的学生玻尔获诺贝尔物理奖;

1927年,卢瑟福的助手威尔逊获诺贝尔物理奖;

1935年,卢瑟福的学生查德威克获诺贝尔物理奖;

1948年,卢瑟福的助手布莱克特获诺贝尔物物理奖;

1951年,卢瑟福的学生科克拉夫特和瓦耳顿,共同获得诺贝尔物理奖;

1978年,卢瑟福的学生卡皮茨获诺贝尔物理奖。

有人说,如果世界上设立培养人才的诺贝尔奖的话,那么卢瑟福将是第一号候选人。

##  八、米歇尔·傅科钟摆实验

米歇尔·傅科钟摆实验排名十大实验第十。

傅科（1819～1868），法国实验物理学家，1819年9月18日生于巴黎。幼年时即喜欢精巧手工的创制活动。1853年，由于光速的测定获物理学博士学位，并被拿破仑三世委任为巴黎天文台物理学教授。因为他博学多才，有多项发明创造，因此受各国科学界垂青，1864年当选为英国皇家学会会员，以及后来的柏林科学院、圣彼得堡科学院院士。1868年被选为巴黎科学院院士。1868年2月11日逝世于巴黎，终年49岁。

米歇尔·傅科

1851年，法国物理学家米歇尔·傅科在巴黎国葬院安放了一个钟摆装置，摆的长度为67米，底部的摆锤是重28千克的铁球，在铁球的下方镶嵌了一枚细长的尖针。傅科要证明地球的自转。他设想，当钟摆摆动时，在没有外力的作用下，它将保持固定的摆动方向。如果地球在转动，那么钟摆下方的地面将旋转，而悬在空中的摆具有保持原来摆动方向的趋势，对于观察者来说，钟摆的摆动方向将会相对于地面发生变化。原理想通了，但实验却并不好做。由于钟摆方向的改变是细微的，所以稍强一些的气流就会使实验结果发生变化。由于摆臂越长，实验效果越明显，所以为了观察到方向的改变，实验地点一定要设置在顶棚很高的厅堂中，顶棚用来悬挂钟摆。傅科最后选择了巴黎高耸的国葬院作为实验场所，并在摆的下方放置了一个沙盘，如图1.8-1所示。在摆运动时，摆尖会在沙盘上划出一道道的痕迹，从而记录下摆动方向。

图1.8-1

实验的结果与傅科的设想完全吻合，摆的摆动显示为由东向西的、缓慢而持续的方向旋转。傅科的演示直接证明了地球自西向东的自转，所以人们称呼实验中的钟摆为"傅科摆"，当时的法国政府还向傅科颁发了荣誉骑士五级勋章，以表彰他的科学贡献。傅科的实验引发了全世界的一股实验热潮，各地的人们纷纷效仿傅科，用长长的钟摆来揭示地球的自转。人们发现，在地球的两极，傅科摆的摆动平面24小时转一圈，而在赤道上，傅科摆没有方向旋转的现象；在两极与赤道之间的区域，傅科摆方向的旋转速度介于两者之间。

地球每24小时自转一周，由于赤道的周长约4万千米，因此人们有"坐地日行八万里"的说法。在赤道上的一点，速度每秒接近500米，这是子弹出膛时的速度。

傅科摆在地球的不同地点旋转的速度是不同的，这说明了地球表面不同地点的线速度不同。因此，傅科摆不仅能够验证地球自转，它也可以用于确定摆所处的纬度。

【实验思想】

如果地球在转动，那么钟摆下方的地面将旋转，而悬在空中的摆具有保持原来摆动方向的趋势，对于观察者来说，钟摆的摆动方向将会相对于地面发生变化。摆臂越长，实验效果越明显。在摆的下放安置了一个沙盘，在摆运动时，摆尖会在沙盘上划出一道道的痕迹，从而记录下摆动方向。傅科钟摆实验将地球的转动放大了，并通过沙盘上划出的痕迹显现出来，这是一种放大的实验思想。

【实验感悟】

傅科当年做这个实验只是为了证明地球的自转，但我们从这个实验却可以悟出，环境对一切事物都可能产生影响。事实上，环境对人的影响也是这样。通常我们会遇到这样或那样的环境，也许会很顺利，也许会很坎坷，但无论顺境逆境，自己都应该认真对待，顺境中我们应该居安思危，逆境中我们应该自我激励。

在人生旅途中，如何选择一个最适合自己"摆动"的环境是很关键的，选择好了，我们就能按照自己最喜欢的周期去"摆动"。

国葬院外观

国葬院大厅的傅科摆（示意图）

第二篇

# 方法篇

有人说，人一生下来其实就是一个很有哲理的实验。可惜的是，许多人对这个实验的结论并没有认清，有的人虚度了一生，有的人从实验里得到了自己所希望的完美结果。

　　世界的进步是靠实验得来的，无数科学家在实验室里为世界实验着"文明与现代"。但是，很少有人能真正去关注他们实验的思想方法，从而领悟出实验的真谛。

　　注重实验过程的体验。科学方法有相对的独立性，但它与科学知识往往又难以分割，二者相辅相成，构成物理学科特有的知识体系。只有亲身经历运用科学知识的探索过程，才能真正掌握科学方法。同学们学习时，要明白实验方法的原理，加深对实验的理解，提高实验技能、思维能力和解决问题的综合能力。

　　注重科学方法的挖掘和应用。科学方法特别是归纳、演绎等逻辑思维方法往往是以物理知识、物理过程为载体的。在实验学习中，要注重挖掘这些隐藏在现象背后的科学思想和方法。比如，牛顿第一定律中伽利略的斜面实验，其中包含着重要的思想方法——理想实验。爱因斯坦曾说过："伽利略的发现以及他所应用的科学方法是人类思想史上最伟大的成就之一，而且标志着物理学的真正开端。"所以，同学们在学习的过程不但要关注实验中的思想方法，而且要真正领悟其中的真谛。

　　注重科学思想的归纳、提炼。物理实验方法主要有比较法、替代法、累积法、控制法、留迹法、放大法、转换法、理想化法以及模型法等。由于教材对科学方法的讨论较少，同学们也缺乏对实验方法归纳总结的意识和能力，导致对实验中一些重要的、常用的思想方法不甚明了，削弱了科学方法特有的教育价值，加大了物理学习的难度。特别是分析问题和解决问题的思想方法，它不同于物理实验的具体方法和逻辑思维方法，更需要适时加以总结——实验用了什么方法，这个方法还适用于什么实验——使自己对整个实验有一个清晰的认识。

　　有人想证明一个道理便做了一实验，有人想为人类做出贡献而做了许多实验，他们可能都不曾想过自己的实验里包含了哪些思想方法。现在，就让我们一起去揭示吧！也许，你会从这些实验中得到你想要的思想和真理。

# 一、等效替代法

## 方法介绍

等效替代法是科学研究中常用的一种思维方法。对一些复杂问题采用等效替代法，将其变换成理想的、简单的、已知规律的过程来处理，常可使问题的解决得以简化。因此，等效替代法也是物理实验中常用的方法。如《验证力的平行四边形定则》实验中，要求用一个弹簧秤单独拉橡皮条时，要与用两个弹簧秤互成角度同时拉橡皮条产生的效果相同，使结点到达同一位置 $O$，即要在合力与分力作用效果等效的条件下，才能找出它们之间合成与分解时所遵循的法则——平行四边形定则；在《碰撞中的动量守恒》实验中，用小球的水平位移代替小球的水平速度；《验证牛顿第二定律》实验时调节木板倾角，用重力的分力抵消摩擦力的影响，等效成小车不受阻力等等。

❖❖ **案例　探究力的平行四边形定则** ❖❖

### 一、实验目的
验证互成角度的两个力合成时的平行四边形定则。

### 二、实验原理

1. 等效替代法：一个力 $F'$ 的作用效果和两个力 $F_1$、$F_2$ 的作用效果都是让同一条一端固定的橡皮条伸长到同一点，所以一个力 $F'$ 就是这两个力 $F_1$ 和 $F_2$ 的合力。如图 2.1-1 甲所示。

2. 根据平行四边形定则作出力 $F_1$ 和 $F_2$ 的合力 $F$ 的图示。如图 2.1-1 乙所示。

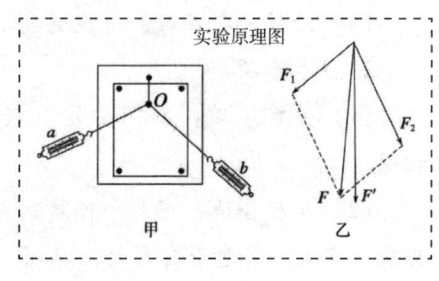

图 2.1-1

3. 验证：比较 $F$ 和 $F'$ 的大小和方向是否相同，若在误差允许的范围内相同，则验证了力的平行四边形定则。

### 三、实验步骤

1. 用图钉把一张白纸钉在放于水平桌面上的木板上。
2. 用两个弹簧测力计分别钩住两个细绳套，互成角度地拉橡皮条，使橡皮条伸长，结点到达某一位置 $O$。如实验原理图 $2.1-1$ 甲所示。

3. 用铅笔描下结点 $O$ 的位置和两个细绳套的方向，并记录下弹簧测力计的读数，利用刻度尺和三角板根据平行四边形定则求出合力 $F$。

4. 只用一个弹簧测力计，通过细绳套把橡皮条的结点拉到与前面相同的位置 $O$，记下弹簧测力计的读数 $F'$ 和细绳的方向。

5. 比较 $F'$ 与用平行四边形定则求得的合力 $F$，看它们在实验误差允许的范围内是否相等。

### 四、数据处理

1. 用铅笔和刻度尺从结点 $O$ 沿两条细绳方向画直线，按选定的标度作出这两个弹簧测力计的拉力 $F_1$ 和 $F_2$ 的图示，并以 $F_1$ 和 $F_2$ 为邻边用刻度尺作平行四边形，过 $O$ 点画平行四边形的对角线，此对角线即为合力 $F$ 的图示。

2. 用刻度尺从 $O$ 点按同样的标度沿记录的方向作出一个弹簧测力计的拉力 $F'$ 的图示。

3. 比较 $F$ 与 $F'$ 是否完全重合或几乎完全重合，从而验证平行四边形定则。

### 五、规律方法总结

1. 正确使用弹簧测力计

（1）将两只弹簧测力计调零后水平互钩对拉过程中，若读数相同，则可选用；若不同，应另换或调校，直至相同为止。

（2）使用时，读数应尽量大些，但不要超出量程。

（3）拉力的方向应与弹簧测力计轴线方向一致。

（4）读数时应正对、平视刻度。

2. 注意事项

（1）位置不变：在同一次实验中，使橡皮条拉长时结点的位置一定要相同。

（2）角度合适：用两个弹簧测力计钩住细绳套互成角度地拉橡皮条时，其夹角不宜太小，也不宜太大，以 $60°\sim100°$ 之间为宜。

（3）在合力不超出量程及在橡皮条弹性限度内形变应尽量大一些。细绳套应适当长一些，便于确定力的方向。

（4）统一标度：在同一次实验中，画力的图示时选定的标度要相同，并且要恰当选定标度，使力的图示稍大一些。

3. 误差分析

（1）误差来源：除弹簧测力计本身的误差外，还有读数误差、作图误差等。

（2）减小误差的办法：

① 实验过程中读数时眼睛一定要正视弹簧测力计的刻度，要按有效数字和弹簧测力计的精度正确读数和记录。

② 作图时用刻度尺借助于三角板，使表示两个力的对边一定要平行。

**实验拓展与创新**

某同学想运用如图2.1-2所示的实验电路，测量未知电阻 $R_x$ 的阻值，实验过程中电流表的读数始终符合实验要求。他在闭合开关之前应该将两个电阻箱的阻值调至_____（填"最大"或"最小"），然后闭合开关 $K_1$，将开关 $K_2$ 拨至1位置，调节 $R_2$ 使电流表 A 有明显读数 $I_0$；接着将开关 $K_2$ 拨至2位置，保持 $R_2$ 不变，调节 $R_1$，当调节 $R_1 = 34.2\Omega$ 时，电流表 A 读数仍为 $I_0$，则该未知电阻的阻值 $R_x =$ _____ Ω。

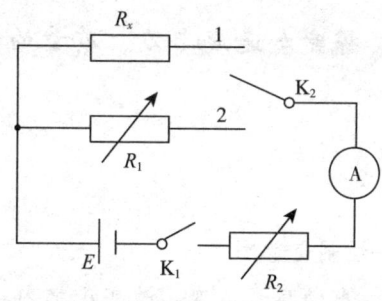

图2.1-2

# 二、控制变量法

## 方法介绍

控制变量法即在涉及多因素的实验中，可以先控制一些因素不变，依次研究某一个因素的影响。如《验证牛顿第二定律》实验中可以先保持质量一定，研究加速度和力的关系；再保持力一定，研究加速度和质量的关系。在研究电阻定律的实验中，先控制导体材料、横截面积一定，研究电阻与导体长度的关系；再控制导体材料、长度一定，研究电阻与导体横截面积的关系；再控制导体长度、横截面积一定，研究电阻与导体材料的关系。

### ◆◆ 案例　探究加速度与力、质量的关系 ◆◆

#### 一、实验目的
探究加速度与力、质量的关系。

#### 二、实验原理
实验的基本思想——控制变量法

1. 保持研究对象即小车的质量不变，改变小桶内砂的质量，即改变作用力，测出小车的对应加速度，验证加速度是否正比于作用力。

2. 保持小桶中砂的质量不变，即保持作用力不变，改变研究对象小车的质量，测出对应不同质量的小车加速度，验证加速度是否反比于质量。

#### 三、实验步骤

1. 用天平测出小车的质量 $M$，并把数据记录下来。

2. 按图 2.2-1 所示的装置把实验器材安装好。

3. 平衡摩擦力：在长木板不带定滑轮的一端下面垫一木块，多次移动木块位置，直到轻推小车，使小车在斜面上运动时可保持匀速直线运动为止。

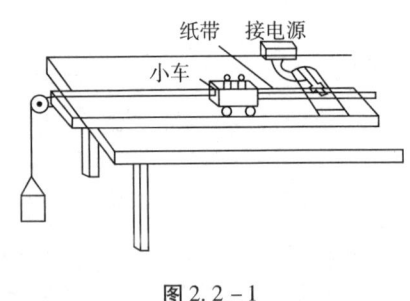

图 2.2-1

4. 在小桶里放入适量的砂,在小车上加放适量的砝码,用天平测出小桶和砂的质量 $m$,并记录下来。接通电源,放开小车,待打点计时器在纸带上打好点后,关闭电源取下纸带。

5. 保持小车的质量不变,改变砂和小桶的质量,按步骤4重复上面的实验。

6. 在每条纸带上选取一段比较理想的部分,算出每条纸带对应的加速度的值并记录在表格的相应位置。

7. 用纵坐标表示加速度,横坐标表示作用力,根据实验结果画出小车运动的 $a-F$ 图像,从而得出 $a-F$ 的关系。

8. 保持砂和小桶的质量不变,在小车上加放砝码,重复上面的实验,求出相应的加速度。根据实验结果画出小车运动的 $a-\dfrac{1}{M}$ 图像,从而得出 $a-M$ 的关系。

9. 整理实验器材,结束实验。

### 四、数据处理

(1) 研究加速度 $a$ 和力 $F$ 的关系

以加速度 $a$ 为纵坐标,以力 $F$ 为横坐标,根据测量数据描点,然后作出图像,如图 2.2-2 所示,若图像是一条通过原点的直线,就能说明 $a$ 与 $F$ 成正比。

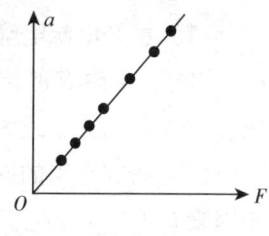

图 2.2-2

(2) 研究加速度 $a$ 与物体质量 $M$ 的关系

如图 2.2-3 所示,若 $a$ 和 $M$ 成反比,则 $a$ 与 $\dfrac{1}{M}$ 必成正比。我们采取"化曲为直"的方法,以 $a$ 为纵坐标,以 $\dfrac{1}{M}$ 为横坐标,作出 $a-\dfrac{1}{M}$ 图像,若 $a-\dfrac{1}{M}$ 图像是一条直线,如图 2.2-3 所示,说明 $a$ 与 $\dfrac{1}{M}$ 成正比,即 $a$ 与 $M$ 成反比。

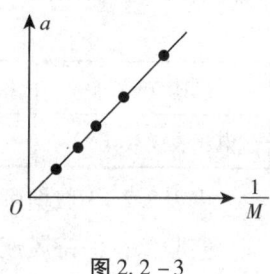

图 2.2-3

### 五、注意事项

1. 实验中应先接通电源后释放小车。

2. 在平衡摩擦力时,不要悬挂小桶,但小车应连着纸带。接通电源,用手轻轻地给小车一个初速度,如果在纸带上打出的点的间隔均匀,表明小车受到的阻力跟它受到的重力沿斜面向下的分力平衡。

3. 改变砂的质量过程中,要始终保证砂桶(包括砂)的质量远小于小车的质量。

4. 作图时应使所作的直线通过尽可能多的点，不在直线上的点也要尽可能的分布在直线的两侧，但若遇到个别偏离较远的点可舍去。

**实验拓展与创新**

某研究性学习小组，为探索航天器球形返回舱穿过大气层时所受空气阻力（风力）的影响因素，进行了模拟实验研究。图 2.2－4 为测定风力的实验装置图，其中 $CD$ 是一段水平放置的长度为 $L$ 的光滑均匀电阻丝，电阻丝阻值较大；一质量和电阻都不计的细长裸金属丝一端固定于 $O$ 点，另一端悬挂小球 $P$，无风时细金属丝保持竖直状态，恰与电阻丝在 $C$ 点接触，$OC = H$；有风时金属丝将偏离竖直方向，与电阻丝相交于某一点（如图中虚线所示，细金属丝与电阻丝始终保持良好的导电接触）。

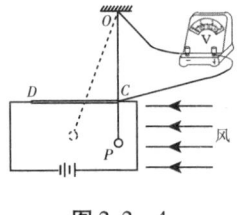

图 2.2－4

（1）已知电源电动势为 $E$，内阻不计，理想电压表两接线柱分别与 $O$ 点和 $C$ 点相连，小球 $P$ 的质量为 $m$，重力加速度为 $g$，由此可推得风力大小 $F$ 与电压表示数 $U$ 的关系式为 $F = $ _____。

（2）研究小组的同学猜想风力大小 $F$ 可能与风速大小 $v$ 和小球半径 $r$ 这两个因素有关，于是他们进行了如下实验：

实验一：使用同一球，改变风速，记录了在不同风速下电压表的示数。

表 2.2－1  球半径 $r = 0.50$cm

| 风速（m/s） | 10 | 15 | 20 | 30 |
|---|---|---|---|---|
| 电压表读数（V） | 2.40 | 3.60 | 4.81 | 7.19 |

由表 2.2－1 数据可知：在小球半径一定的情况下，风力与风速的关系是____。

实验二：保持风速一定，换用同种材料、不同半径的实心球，记录了在不同球半径情况下电压表的示数。

表 2.2－2  风速 $v = 10$m/s

| 球半径（cm） | 0.25 | 0.50 | 0.75 | 1.00 |
|---|---|---|---|---|
| 电压表读数（V） | 9.60 | 2.40 | 1.07 | 0.60 |

由表 2.2－2 数据可知：在风速一定情况下，风力与小球半径的关系为____。

（3）根据上述实验结果，请写出风力 $F$ 与风速 $v$、球半径 $r$ 关系式为

$F = $ _____。

## 三、累积法

### 方法介绍

把某些用常规仪器难以直接准确测量的微小量累积，将小量转变成大量后测量，以提高测量的准确度，减小实验误差。如在《油膜法测分子直径》《利用电容器放电测电容》等实验中，只要数出曲线或曲线与两坐标轴所围成的图形中的格数就可以得到单分子油膜的面积或电容放电的电量；测一张薄纸的厚度时，常先测量若干张纸的总厚度，再除以被测张数而得出每张纸的厚度；在《用单摆测重力加速度》的实验中，单摆周期的测定就是通过测单摆完成多次全振动的总时间再除以全振动的次数得到的，这样可以减小实验误差。

#### ◆◆ 案例　油膜法测分子直径 ◆◆

一、实验目的

利用油膜法测分子直径的大小。

二、实验原理

实验采用使油酸在水面上形成一层单分子油膜的方法估测分子的直径。当把一滴用酒精稀释过的油酸滴在水面上时，油酸就在水面上散开，其中的酒精溶于水，并很快挥发，在水面上形成如图 2.3-1 甲所示形状的一层纯油酸薄膜。如果算出一定体积的油酸在水面上形成的单分子油膜的面积，即可算出油酸分子的直径。用 $V$ 表示一滴油酸酒精溶液中所含纯油酸的体积，用 $S$ 表示单分子油膜的面积，用 $d$ 表示分子的直径，如图 2.3-1 乙所示，则 $d = \dfrac{V}{S}$。

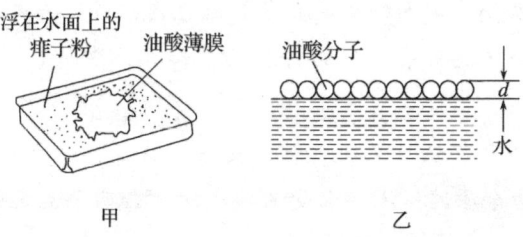

图 2.3-1

### 三、实验步骤

1. 用稀酒精溶液及清水清洗浅盘，充分洗去油污、粉尘，以免给实验带来误差。

2. 配制油酸酒精溶液，取纯油酸1mL，注入500mL的容量瓶中，然后向容量瓶内注入酒精，直到液面达到500mL刻度线为止，摇动容量瓶，使油酸充分溶解在酒精中，这样就得到了500mL含1mL纯油酸的油酸酒精溶液。

3. 用注射器（或滴管）将油酸酒精溶液一滴一滴地滴入量筒中，并记下量筒内增加到一定体积 $V_n$ 时的滴数 $n$。

4. 根据 $V = \dfrac{V_n}{n}$ 算出每滴油酸酒精溶液的体积 $V$。

5. 向浅盘里倒入约2cm深的水，并将痱子粉或细石膏粉均匀地撒在水面上。

6. 用注射器（或滴管）将一滴油酸酒精溶液滴在水面上。

7. 待油酸薄膜的形状稳定后，将玻璃板放在浅盘上，并将油酸膜的形状用彩笔画在玻璃板上。

8. 将画有油酸薄膜轮廓的玻璃板放在坐标纸上，算出油酸薄膜的面积 $S$（求面积时以坐标纸上边长为1cm的正方形为单位计算轮廓内正方形的个数，不足半个的舍去，多于半个的算一个）。

9. 根据油酸酒精溶液的配制比例，算出一滴油酸酒精溶液中纯油酸的体积 $V'$，并代入公式 $d = \dfrac{V'}{S}$ 算出油酸薄膜的厚度 $d$。

10. 重复以上实验步骤，多测几次油酸薄膜的厚度，并求平均值，即为油酸分子的直径。

### 四、注意事项

1. 注射器针头高出水面的高度应在1cm之内，当针头离水面很近（油酸未滴下之前）时，会发现针头下方的粉层已被排开，这是针头中酒精挥发所致，不影响实验效果。

2. 待测油酸薄膜扩散后又会收缩，要在油酸薄膜的形状稳定后再画轮廓。扩散后又收缩有两个原因：①水面受油酸液滴冲击凹陷后又恢复；②酒精挥发后液面收缩。

3. 当重做实验时，将水从浅盘的一侧边缘倒出，在这侧边缘会残留油酸，可用少量酒精清洗，并用脱脂棉擦去再用清水冲洗，这样做可保持浅盘的清洁。

4. 本实验只要求估测分子的直径，实验结果的数量级符合要求即可。

**实验拓展与创新**

如图 2.3-2 是用扫描隧道显微镜拍下的一个"量子围栏"的照片。这个量子围栏是由多个铁原子在铜的表面排列成圆周而组成的。只要知道铁原子的个数，并测出围栏的直径，就可以估算出铁原子的直径，请说明估算的原理。

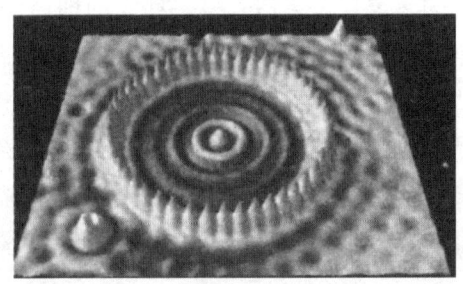

图 2.3-2

## 四、留迹法

### 方法介绍

留迹法即是利用某些特殊的手段,把一些瞬间即逝的现象(如位置、轨迹等)记录下来,以便对其进行仔细的研究。如用打点计时器打出的纸带上的点迹记录小车的位移与时间的关系;用频闪照相机拍摄平抛运动中小球的位置;用沙摆显示振动的图像;在《测玻璃砖的折射率》的实验中,用大头针的插孔显示入射光线和出射光线的方位;在《电场中等势线的描绘》的实验中,用探针通过复写纸在白纸上留下的痕迹记录等势点的位置,这些都是留迹法在实验中的应用。

#### ◆◆ 案例 研究平抛运动 ◆◆

**一、实验目的**

1. 描绘出平抛物体的运动轨迹。
2. 求出平抛运动物体的初速度。

**二、实验原理**

平抛物体的运动可以看成是两个分运动的合运动:一个是水平方向的匀速直线运动,另一个是竖直方向的自由落体运动。令小球做平抛运动,利用留迹法描出小球的运动轨迹,即小球做平抛运动的曲线,建立坐标系,测出曲线上的某一点的坐标 $x$ 和 $y$,根据重力加速度 $g$ 的数值,利用公式 $y=\dfrac{gt^2}{2}$,

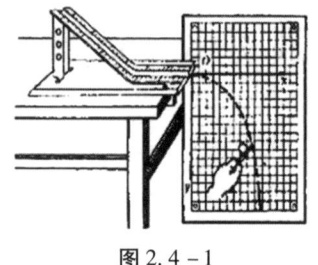

图 2.4-1

求出小球的飞行时间 $t$,再利用公式 $x=vt$,求出小球的水平分速度,即为小球做平抛运动的初速度。如图 2.4-1 所示。

**三、实验器材**

斜槽,竖直固定在铁架台上的木板,白纸,图钉,小球,有孔的卡片,刻度尺,重垂线。

### 四、实验步骤

1. 安装调整斜槽：用图钉把白纸钉在竖直板上，在木板的左上角固定斜槽，可用平衡法调整斜槽末端至水平，即将小球轻放在斜槽平直部分的末端处，能使小球在斜槽平直部分静止，就表明斜槽末端水平已调好。

2. 调整木板：用悬挂在槽口的重垂线把木板调整到竖直方向，并使木板平面与小球下落的竖直面平行。然后把重垂线方向记录到钉在木板的白纸上，固定木板，使在重复实验的过程中，木板与斜槽的相对位置保持不变。

3. 确定坐标原点 $O$：把小球放在槽口处，用铅笔记下球在槽口时球心在图板上的水平投影点 $O$，$O$ 点即为坐标原点。

4. 描绘运动轨迹：在木板的平面上用手按住卡片，使卡片上有孔的一面保持水平，调整卡片的位置，使从槽上滚下的小球正好穿过卡片上的孔，而不擦碰孔的边缘。用铅笔在卡片缺口处的白纸上点个黑点，这样就在白纸上记下了小球穿过孔时球心所在的位置，如图 2.4-2 所示。保证小球每次从斜槽上的同一位置由静止开始滑下，用同样的方法，可找出小球平抛轨迹上的一系列位置。用卡片做实验可能操作起来不方便，本实验也可用铅笔来替代，把笔尖放在小球可能经过的位置，如果小球运动中碰到笔尖，用铅笔在该位置画上一点即为小球经过的位置。

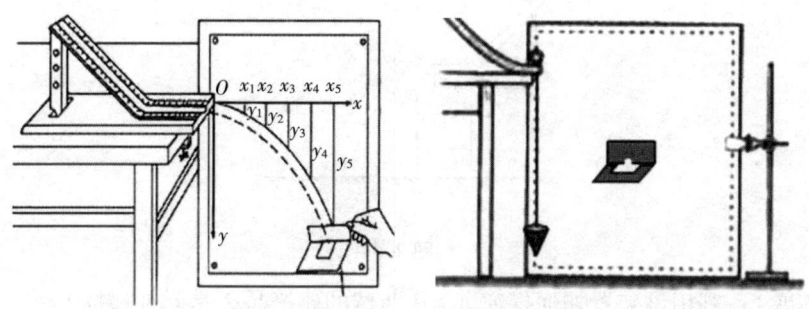

图 2.4-2

5. 计算初速度：取下白纸，以 $O$ 点为原点画出竖直向下的 $y$ 轴和水平向右的 $x$ 轴（过 $O$ 点作 $y$ 轴的垂线），用平滑的曲线把这些位置连接起来即得小球做平抛运动的轨迹，如图 2.4-3 所示。在曲线上选取 $A$、$B$、$C$、$D$、$E$、$F$ 六个不同的点，用刻度尺和三角板测出它们的坐标 $x$ 和 $y$，用公式 $v=v_0 t$ 和 $y=\dfrac{gt^2}{2}$ 计算出小球的初速度 $v_0$，最后计算出 $v_0$ 的平均值，并将有关数据记入表格内。

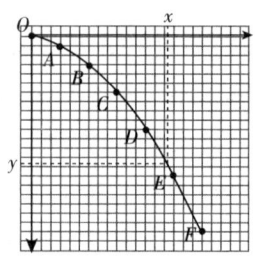

图 2.4-3

**五、注意事项**

1. 实验中必须保持通过斜槽末端点的切线水平，方木板必须处在竖直面内且与小球运动轨迹所在的竖直平面平行，并使小球的运动靠近木板但不接触。

2. 小球必须每次从斜槽上同一位置滚下。

3. 坐标原点（小球做平抛运动的起点）不是槽口的端点，应是小球在槽口时，球的球心在木板上的水平投影点。

4. 要在平抛轨迹上选取距 $O$ 点远一些的点来计算。

**实验拓展与创新**

如图 2.4-4 是人教版 3-5 教材上《验证动量守恒定律》的实验装置图。

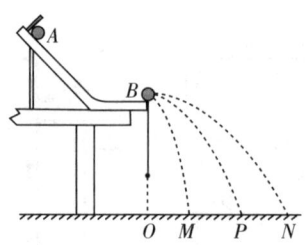

图 2.4-4

拓展 1：利用该装置如何探究 $A$、$B$ 两球的碰撞是否是弹性碰撞？

拓展 2：如图 2.4-5 所示：

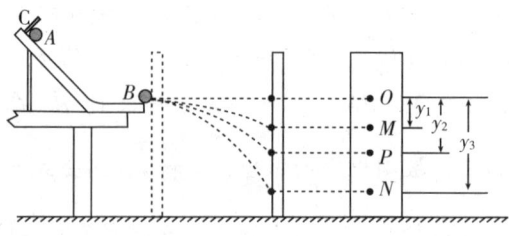

图 2.4-5

① 在木板表面先后钉上白纸和复写纸,并将木板竖直立于靠近槽口处,使小球 A 从斜槽轨道上某固定点 C 由静止释放,撞到木板并在白纸上留下痕迹 O.

② 将木板向右平移适当的距离并固定,再使小球 A 从原固定点 C 由静止释放,撞到木板上得到痕迹 P.

③ 把半径相同的小球 B 静止放在斜槽轨道水平段的最右端,让小球 A 仍从原固定点由静止开始滚下,与小球 B 相碰后,两球撞在木板上得到痕迹 M 和 N.

④ 重复实验步骤②和③的操作,得到两球落在斜面上的平均落点并用刻度尺测量纸上 O 点到 M、P、N 三点的距离分别为 $y_1$、$y_2$、$y_3$. 请你写出用直接测量的物理量来验证两球碰撞过程中动量守恒的表达式为_____(用所测物理量的字母表示)。

拓展 3:如图 2.4-6 所示:将木板放在水平槽末端与水平地面之间,形成了一个斜面,斜面的顶点与水平槽等高且无缝连接。重复上述实验步骤②和③的操作,得到两球落在斜面上的平均落点 M、P、N. 用刻度尺测量斜面顶点到 M、P、N 三点的距离分别为 $x_1$、$x_2$、$x_3$,则验证两球碰撞过程中动量守恒的表达式为_____(用所测物理量的字母表示)。

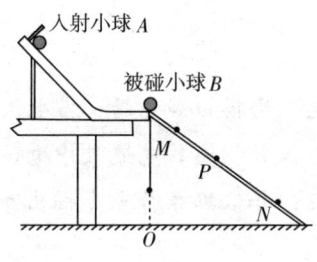

图 2.4-6

## 五、模拟法

### 方法介绍

有时受客观条件的限制，不能对某些物理现象进行直接实验和测量，于是就人为地创造一定的模拟条件，在这样模拟的条件下进行实验。模拟法是一种间接实验的方法，它是通过与原型相似的模型，来说明原型的规律性。模拟法在中学物理实验中最典型的应用是《电场中等势线的描绘》实验，由于直接描绘静电场的等势线很困难，而恒定电流的电场与静电场相似，所以可用恒定电流的电场模拟静电场中等势线的分布情况。

◆◆ 案例　描绘电场线 ◆◆

#### 一、实验目的

用描迹法画出电场中一个平面上的等势线，然后根据等势线和电场线的关系描绘出电场线。

#### 二、实验原理

利用导电纸中的恒定电流场模拟静电场，当电流场中与导电纸接触的两探针尖端的电势差为零时，与探针相连的电流表中电流强度为零，从而可以通过探针找出电流场中的等势点，并依据等势点先描出等势线，进而根据等势线和电场线的关系描绘出电场线。

1. 本实验是用恒定电流场模拟静电场，研究平面上电场等势线的分布情况进而描绘出电场线的分布。

2. 本实验可以用两块平行的铜板代替圆柱形电极来模拟匀强电场。

3. 本实验也可以用一个圆柱形电极和一圆环铜条来模拟点电荷的电场，实验如图2.5-1所示。

4. 本实验中也可以用电压表代替灵敏电流表，方法是将电压表一端接某一电极，

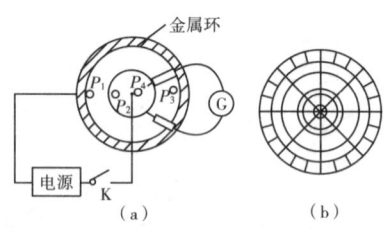

图2.5-1

另一端接探针与各基准点接触并在附近移动,当探针在基准点,记下电压表的示数 $U$,当探针在基准点附近移动到某点时,若电压表示数也为 $U$,则说明该点的电势与基准点相同。

### 三、实验器材

学生低压电源或电池组;灵敏电流表;开关;导电纸;白纸;复写纸;圆柱形金属电极两个;探针两支;图钉;导线若干;木板。

### 四、实验步骤

1. 安装器材:在平整的木板上依次铺放白纸、复写纸、导电纸各一张,导电纸有导电物质的一面向上,再用图钉把它们一起固定在木板上(如图2.5-2),在导电纸上放两个跟它接触良好的圆柱形电极,两极间距离10cm,电压约为6V,再从一个灵敏电流表的两个接线柱引出两个探针。

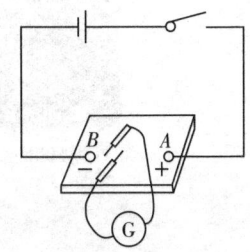

图 2.5-2

2. 选基准点,在导电纸平面两极的连线上,选取间距大致相等的五个点作为基准点,并用探针把它们的位置复印在白纸上。

3. 探测等势点,将两个探针分别拿在左、右手中,用左手中的探针跟导电纸上的某一基准点接触,然后在导电纸平面两极连线的一侧,距此基准点约1cm外再选一个点,在此点右手拿着的探针跟导电纸接触,这时一般会看到电流表的指针有偏转,左右移动探针位置,直至找到一点,使电流表的指针没有偏转,说明这个点跟基准点的电势相等,用探针把这个点的位置复印在白纸上,按照上述方法,在这个基准点的两侧,各探测出五个等势点,每相邻两个等势点大约相距1cm。用同样的方法,探测出另外四个基准点的等势点。

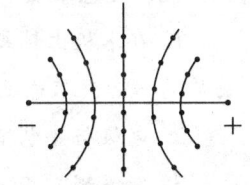

图 2.5-3

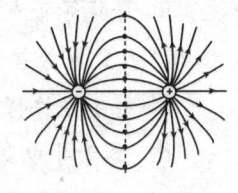

图 2.5-4

4. 画等势线。取出白纸,根据五组等势点画出五条平滑的曲线,它们就是五条等势线(图2.5-3)。

5. 由画出的等势线。根据电场线和等势线处处垂直可以画出对应的电场线(图2.5-4)。

6. 按照同样的方法可以画出孤立正电荷、孤立负电荷、等量同种电荷等周围的电场线并和模拟电场线对比,如图2.5-5所示。

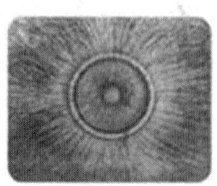 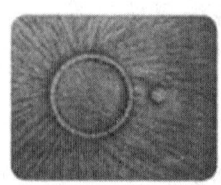 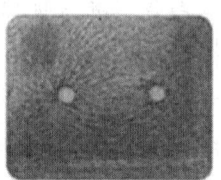

环形电极及环中心点电极周围电场线的分布情况　　环形电极及环外点电极周围电场线的分布情况　　两个点电极周围电场线的分布情况

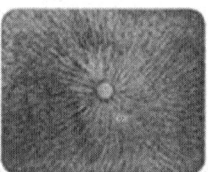 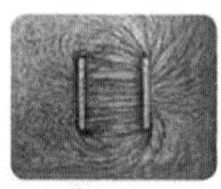 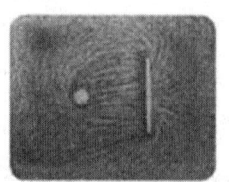

点电极周围电场线的分布情况　　平行板电容器周围电场线的分布情况　　点电极和极板周围电场线的分布情况

图 2.5-5

### 五、注意事项

1. 在木板上铺纸的先后顺序是白纸、复写纸、导电纸，并且导电纸有导电物质的一面（黑色面）朝上，且两个电极和几层纸的相对位置不能变。

2. 电极与导电纸的接触应该良好，否则会影响实验正常进行。

3. 在探测与某一基准点电势相等的其他各点时，与该基准点相接触的探针要固定不动。

4. 寻找等势点时，应从基准点附近由近及远地逐渐推移，不可以大跨度地移动，以免电势差过大，发生电流表过载现象。

5. 绝不允许将两探针分别同时接触到电极，以防烧坏电流表。

6. 鉴于导电纸边缘处的等势线会变形，探测等势点不要靠近导电纸的边缘。

7. 描绘的等势线必须是平滑曲线，不应画成折线。

### 六、误差分析

1. 所使用的电流表的精度是本实验产生误差的主要原因之一，因此，在条件允许的情况下，要尽可能使用精度较高的电流表。

2. 电极与导电纸是否接触良好也是本实验产生误差的原因之一，对此，安装电极时要加以注意，可以在木板上垫几张白纸。

3. 导电纸是否符合要求也是本实验产生误差的主要原因之一。导电纸的电阻率应远大于金属电极的电阻率才能使电极本身成为等势体，导电涂层要均匀，导电纸的导电性才能一致，否则会使测绘出的等势线和电场线产生畸变。

4. 圆柱形电极的大小也会给本实验带来误差。圆柱形电极应选两只一样大的直径约1cm的磨平铜柱。

**实验拓展与创新**

风洞一般称之为风洞模拟试验。简单地说，就是依据运动的相对性原理，将飞行器的模型或实物固定在地面人工环境中，人为地制造气流流过，以此模拟空中各种复杂的飞行状态，获取试验数据。这是现代飞机、导弹、火箭等研制定型和生产的"绿色通道"。简单地说，风洞就是在地面上人为地创造一个"天空"。

美国早在80年代中期出台的震撼全球的超级跨世纪工程——"星球大战"计划中，就曾把作为基础学科的空气动力学放在非常突出的重要位置上。的确，如果不先在空气动力学上获得重大突破，这个将耗资1万亿美元的超级工程，很多关键技术将无法解决。紧接着在1985年发表的"美国航空航天2000年"中，也把空气动力学列为需要解决的七个问题中的第一个，而剩下的六个问题中还有四个与空气动力学有关。这也使美国花费巨额投资研制了每秒20亿次的超级计算机专门为空气动力学研究服务。超级计算机成功应用在多项科研与型号试验之中，大大提高了风洞试验效率，降低了科研与风洞试验成本，受到了各国航空航天领域科研人员的广泛关注和深入研究。

苏联在"十月革命"胜利后的第二年，列宁就下令组建了国家空气动力研究机构——中央流体动力研究院，并任命"俄罗斯航空之父"茹可夫斯基担任院长，这一决策为苏联成为世界上另一个航天大国奠定了坚实的基础。第二次世界大战之前，斯大林曾下令建造了世界上第一座可用于进行整架飞机试验的全尺寸风洞。与美国相比，苏联空气动力学的整体研究水平毫不逊色，甚至在许多方面都领先于美国，它在航空航天领域取得的一系列成就足以说明这一点。

英、法两国在二次世界大战前均为名列前茅的老牌航空先进国家，然而战后他们突然发现自己比美、苏等国落后了一截，于是两国重整旗鼓、奋起直追。在战后第二年，法国政府便决定把因战争和被占领分散到全国各地的研究机构组织到一起，组建了国家空气动力研究机构，并在阿尔卑斯山腹地开始筹建莫当试验中心，并研制出堪称世界一流的大功率空气动力试验风洞设备。曾经发明了世界上第一座风洞的英国人更是不甘落后，除了政府加强对空气动力学的领导规划之外，同时还充分利用大学进行空气动力学基础学科的研究。据有关资料透露，在英国的46所大学中，至少有30个以上的高水平空气动力研究实验室。

　　日本在战后受到限制的情况下，航空工业曾有过长达8年的空白。但在此期间，其基础研究——空气动力学则进展神速。仅60年代，就先后仿制出11种飞机，并自行设计了八种飞机。

## 六、外推法

### 方法介绍

有些物理量可以局部观察或测量,但作为它的极端状态是无法直接观测的,把这些局部观察、测量得到的规律通过图像或思维外推到极端情况,就可以达到目的。例如在《测电源电动势和内电阻》的实验中,无法直接测量断路($I=0$)时的路端电压和短路($U=0$)时的电流,通过一系列 $U$、$I$ 值对应点画出直线并向两方延伸,与 $U$ 轴的交点即为电动势 $E$,与 $I$ 轴的交点即为短路电流 $I_{短}$;伽利略在研究自由落体运动的规律时,先是研究小球在光滑斜面上运动的规律,然后将结论外推到斜面倾角为90°的情况,从而得出自由落体规律。

◆◆ 案例  测量电源的电动势和内阻 ◆◆

一、实验目的

1. 进一步理解闭合电路欧姆定律,掌握用电压表和电流表测定电源电动势和内阻的方法。

2. 掌握用图像法求电源电动势和内阻的方法;理解并掌握路端电压 $U$ 与干路电流 $I$ 的关系图像(即 $U-I$ 图像)与纵、横坐标轴交点坐标的意义以及图像斜率的意义。

二、实验原理

本实验的依据是闭合电路的欧姆定律,实验电路如图 2.6 - 1 所示。

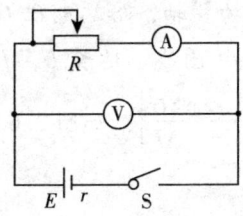

图 2.6 - 1

1. 公式法:改变变阻器的阻值,从电流表、电压表中读出几组 $U$、$I$ 值,

由 $U = E - Ir$，可得 $E = U_1 + I_1 r$，$E = U_2 + I_2 r$，解得 $E = \dfrac{I_1 U_2 - I_2 U_1}{I_1 - I_2}$，$r = \dfrac{U_2 - U_1}{I_1 - I_2}$，多测几组数据，分别求出几组 $E$ 和 $r$ 的值，然后求出它们的平均值。

2. 图像法：改变 $R$ 的阻值，多测几组 $U$、$I$ 值。实验中至少测出 6 组 $U$、$I$ 值，且变化范围要大一些，然后在 $U-I$ 坐标系中描点作图，所得直线与纵轴的交点即为电动势值，图线斜率的绝对值即为内阻 $r$ 的值，如图 2.6-2 所示。

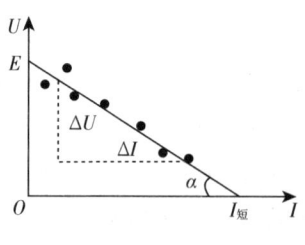

图 2.6-2

### 三、实验器材

电池（被测电源）、电压表、电流表、滑动变阻器、开关、导线、坐标纸。

### 四、实验步骤

1. 连接电路：电流表用 0～0.6A 量程，电压表用 0～3V 量程，按图 2.6-1 连接好电路。

2. 测量与记录：

（1）把滑动变阻器的滑片移动到使接入电路的阻值最大的一端。

（2）闭合开关，调节滑动变阻器，使电流表有明显示数并记录一组数据 $(I_1, U_1)$。用同样方法测量几组 $I$、$U$ 值。

3. 数据处理、整理器材：

（1）断开开关，拆除电路整理好器材。

（2）取坐标纸，以电流 $I$ 为横轴，路端电压 $U$ 为纵轴，描绘出所记录的各组 $I$、$U$ 值的对应点，连成 $U-I$ 图线。延长 $U-I$ 图线，它与坐标轴有两个交点，读取 $E$，进一步可以算出 $r = \left| \dfrac{\Delta U}{\Delta I} \right|$，如图 2.6-2 所示。

### 五、误差分析

1. 偶然误差。

（1）由读数不准和电表线性不良引起的误差。

（2）用图像法求 $E$ 和 $r$ 时，由于作图不准确造成的误差。

（3）测量过程中通电时间过长或电流过大，都会引起 $E$、$r$ 的变化。

2. 系统误差。

由于电压表和电流表内阻影响而导致的误差。

### 六、注意事项

1. 本实验采用伏安法，正确的实验电路为电流表外接法（如图 2.6-1 所示）。

2. 合理选择电压表、电流表量程。测一节干电池的电动势和内阻时，电压表选 0~3V 量程，电流表选 0~0.6A 量程，滑动变阻器选 0~10Ω 的规格。

3. 应使用内阻大一些（用过一段时间）的干电池；在实验中不要将 $I$ 调得过大；每次读完 $I$ 和 $U$ 的数据后应立即断开电源，以免干电池在大电流放电时 $E$ 和 $r$ 明显变化。

4. 在作 $U-I$ 图线时，要使较多的点落在这条直线上，不在直线上的点应对称分布在直线的两侧，不要顾及个别偏离直线较远的点，以减小偶然误差。

5. 干电池内阻较小时，$U$ 的变化较慢，此时，给 $U-I$ 图线时可使纵坐标不从零开始，把坐标的比例放大，这样可使结果的误差减小一些。此时图线与横轴交点不表示短路电流。另外，计算内阻要在直线上任取两个相距较远的点，用 $r=\left|\dfrac{\Delta U}{\Delta I}\right|$ 算出电池的内阻 $r$.

**实验拓展与创新**

有同学利用图 2.6-3 所示的实验装置，测出滑块沿气垫导轨通过两光电门的时间和两光电门中心间的距离，计算出滑块的加速度 $a$，改变气垫导轨的高度 $h$，重复上述实验，作出相应的加速度大小随着高度变化的 $a-h$ 图像，如图 2.6-4 所示，若直线的延长线通过坐标原点，则可验证牛顿第一定律，请说明实验原理。

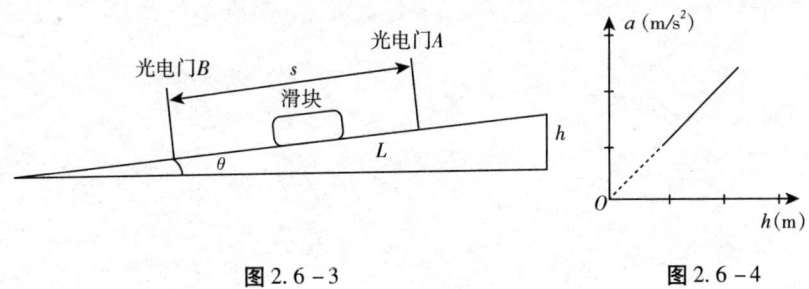

图 2.6-3　　　　　　　图 2.6-4

# 第三篇 测量篇

本篇测量性实验所测量的物理量都是不能直接测量的。首先要求同学们运用所学的物理知识，对待测的物理量进行实验方案设计，选择可行性的实验方案；其次要掌握运用基本测量工具测量实验中可直接测量的基本物理量，如：用刻度尺、游标卡尺、螺旋测微计测长度，用秒表、光电计时器测时间，用电流表、电压表测电流、电压，用弹簧测力计测力、用天平测质量等等。最后学会运用所学的物理规律求解不能直接测量的待测物理量。本篇测量性实验是测量高中物理中常见的几个物理量，如：测量太空中小物体的质量、动摩擦因数、重力加速度、磁感应强度、带电粒子的比荷、电阻等。

## 一、如何测量太空中小物体的质量

### 问题导入

神舟十号飞船于 2013 年 6 月 11 日 17 时 38 分搭载三位航天员飞向太空，在轨飞行了 15 天，飞行乘组由男航天员聂海胜、张晓光和女航天员王亚平组成，聂海胜担任指令长。

航天员王亚平于北京时间 2013 年 6 月 20 日上午 10 时，在太空给地面的学生讲课，此次"太空授课"主要面向中小学生，让大家了解失重条件下物体运动的特点和液体表面张力的作用，加深了对质量、力以及牛顿运动定律等基本物理概念的理解。航天员进行了在轨讲解和实验演示，并与地面师生进行了双向互动交流。

我们都知道，在地面上，天平是测量物体质量的常用工具，天平的两臂长度相等，根据杠杆原理，当两个托盘中物体的质量相同时，天平就会平衡，被测物体的质量就等于砝码的质量。但在完全失重的太空中，无论物体和砝码的质量关系如何，它们对天平两臂上的托盘压力均为零，天平始终平衡，所以无法测量物体的质量。

在太空中，天平无法测量物体的质量。王亚平问："那么，航天员想知道自己是胖了还是瘦了？怎么称重呢？"在神舟十号中，有一台专门的"质量测量仪"。"太空授课"的助教聂海胜将自己固定在支架一端，王亚平将连接运动机构的弹簧拉到指定位置。松手后，拉力使弹簧回到初始位置，这样就测出了聂海胜的质量——74 千克。

测量原理：用光栅测速装置测量出支架复位的速度 $v$ 和时间 $t$，然后计算出加速度 $a = \dfrac{v}{t}$，最后根据牛顿第二定律就能够计算出物体的质量 $m = \dfrac{F}{a}$。牛顿第二定律是一个在一切惯性空间内普遍适用的基本物理定律，不因物体的引力环境、运动速度而改变，因此在太空中和地面上都是成立的。

同学们，如果你是一名航天员，在太空实验室中，你将如何测量小物体的质量呢？

## 方法一 利用圆周运动测量质量

### 1. 实验原理

如图 3.1-1 所示，由牛顿第二定律 $F = m\omega^2 R = m\left(\dfrac{2\pi}{T}\right)^2 R$，得待测物体质量的表达式为 $m = \dfrac{FT^2}{4\pi^2 R}$.

### 2. 实验器材

弹簧秤、秒表、刻度尺、待测质量的物体。

### 3. 实验装置

利用如图 3.1-1 所示的装置（图中 $O$ 为光滑的小孔）测量物体的质量。

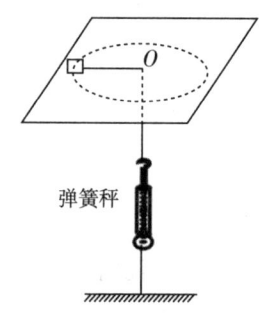

图 3.1-1

### 4. 实验步骤

（1）给待测物体一个初速度，使它在桌面上做圆周运动，由于物体处于完全失重状态，物体与接触面间没有压力，所以物体与桌面间无摩擦力，它在桌面上做的是匀速圆周运动。

（2）实验时记下弹簧秤示数 $F$，用刻度尺测出圆周运动的半径 $R$，用秒表测出物体运动 $n$ 圈所用的时间 $t$，则匀速圆周运动的周期 $T = \dfrac{t}{n}$.

（3）根据牛顿第二定律求得待测物体的质量 $m = \dfrac{Ft^2}{4\pi^2 n^2 R}$.

## 方法二 利用简谐运动测量质量

**方案一：**

### 1. 实验原理

利用简谐运动的周期公式 $T = 2\pi\sqrt{\dfrac{m}{k}}$，从而可以得出待测物体的质量为 $m = \dfrac{kT^2}{4\pi^2}$.

### 2. 实验器材

轻质弹簧（弹簧的劲度系数 $k$ 已知）、秒表、待测质量的物体。

### 3. 实验装置

如图 3.1－2 所示，将待测质量的物体固定在弹簧上，弹簧的另一端固定，物体和弹簧组成了一个弹簧振子，物体与接触面间没有压力，物体与桌面间无摩擦力。将物体拉开一小段距离，由静止释放，则弹簧振子在水平面内做简谐运动。

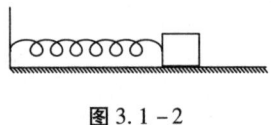

图 3.1－2

### 4. 实验步骤

用秒表测量 $n$ 次全振动的总时间 $t$，则振动周期 $T = \dfrac{t}{n}$。根据弹簧振子作简谐运动周期公式 $T = 2\pi\sqrt{\dfrac{m}{k}}$，从而求得待测物体的质量为 $m = \dfrac{kt^2}{4\pi^2 n^2}$。

**方案二：**

### 1. 实验原理

简谐运动的周期公式 $T = 2\pi\sqrt{\dfrac{m}{k}}$。由简谐运动的周期公式 $T = 2\pi\sqrt{\dfrac{m}{k}}$ 有：只有质量为 $M$ 的 $A$ 物体时，$T_1 = 2\pi\sqrt{\dfrac{M}{k}}$，当加上待测物体 $B$（设其质量为 $m$）后，$T_2 = 2\pi\sqrt{\dfrac{M+m}{k}}$，由以上两式得 $m = \dfrac{T_2^2 - T_1^2}{T_1^2} M$。

### 2. 实验器材

质量已知的物体 $A$、待测质量的物体 $B$、秒表、轻质弹簧（弹簧的劲度系数 $k$ 已知）。

### 3. 实验装置

如图 3.1－3 所示，$A$ 是质量为 $M$ 的带夹子的金属块，$B$ 是待测质量的物体。

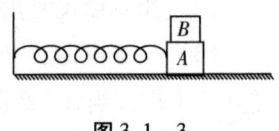

图 3.1－3

### 4. 实验步骤

（1）当只有 $A$ 物体做简谐运动时，测得其运动 $n$ 个周期的时间为 $t_1$，则周期 $T_1 = \dfrac{t_1}{n}$。

（2）将待测物体 $B$ 固定在 $A$ 物体上，测得它们一起做简谐运动 $n$ 个周期的时间为 $t_2$，则周期为 $T_2 = \dfrac{t_2}{n}$。

(3) 计算求得物体 $B$ 的质量 $m = \dfrac{T_2^2 - T_1^2}{T_1^2}M = \dfrac{t_2^2 - t_1^2}{t_1^2}M.$

## ◆◆ 方法三 利用动量守恒测量质量 ◆◆

**1. 实验原理**

动量守恒定律。$Mv_1 = mv_2$，$v_1 = \dfrac{L_1}{t_1}$，$v_2 = \dfrac{L_2}{t_2}$，化简得 $M\dfrac{L_1}{t_1} = m\dfrac{L_2}{t_2}$，解得 $m = \dfrac{ML_1t_2}{L_2t_1}.$

**2. 实验器材**

质量已知的物体 $A$、待测质量的物体 $B$、轻弹簧（弹簧的长度较短）、刻度尺、计时器。

**3. 实验装置**

用如图 3.1–4 所示的实验装置来测量物体的质量，$A$ 是质量为 $M$ 的滑块，$B$ 是待测质量的滑块，设其质量为 $m$，$C$ 和 $D$ 是水平桌面

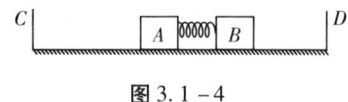

图 3.1–4

上的两个竖直挡板，由于物体与接触面间没有压力，故物体与桌面间无摩擦力，则 $A$、$B$ 滑块和弹簧组成的系统动量守恒，滑块 $A$、$B$ 离开弹簧后在桌面上做匀速直线运动。

**4. 实验步骤**

（1）在滑块 $A$ 和 $B$ 间放入一个被压缩的轻弹簧（弹簧的长度较短），用电动卡销锁定，静止放在水平桌面上。

（2）用刻度尺测出 $A$ 的左端至 $C$ 板的距离 $L_1$，$B$ 的右端至 $D$ 板的距离 $L_2.$

（3）按下电钮放开卡销，同时分别让记录滑块 $A$、$B$ 运动时间的电动计时器开始工作。当 $A$、$B$ 滑块分别碰撞 $C$、$D$ 挡板时停止计时，记下 $A$、$B$ 分别到达 $C$、$D$ 的运动时间 $t_1$、$t_2$。由动量守恒定律有：$M\dfrac{L_1}{t_1} = m\dfrac{L_2}{t_2}$，得 $m = \dfrac{ML_1t_2}{L_2t_1}.$

## 二、动摩擦因数的测量

### 问题导入

我们生活在一个充满摩擦的世界里,摩擦现象无处不在,研究摩擦现象的规律应从测定动摩擦因数开始。如何测定两物体之间的动摩擦因数呢?同学们平时在学习中可能已经对它做过认真思考和讨论,这有助于培养我们的实验技能、发散及创造思维能力。

#### 方法一 利用平衡测量动摩擦因数

**方案一:**

1. **实验原理**

如图3.2-1所示,木块对平板小车的压力大小等于木块和钩码的总重力,弹簧测力计对木块的拉力等于木块与平板小车间的滑动摩擦力的大小,实验时可通过弹簧测力计测量,然后再利用公式 $\mu = \dfrac{F_f}{F_N}$ 求得动摩擦因数。

2. **实验器材**

弹簧测力计、木块、平板小车、带有定滑轮的长木板、钩码、砝码等。

3. **实验装置**

如图3.2-1所示,在实验台上放一个一端带有定滑轮的长木板,长木板另一端固定在一竖直挡板上。连接平板小车和钩码的一细线跨过木板右端的定滑轮。在平板小车上放置一木块,木块左端系一细线与一端固定在竖直挡板上的水平弹簧测力计相连。

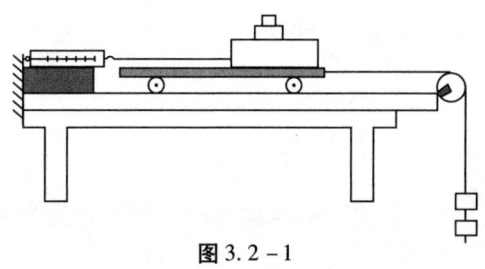

图3.2-1

4. 实验步骤

(1) 用弹簧测力计测出木块的重力 $G_0$.

(2) 将一端带有定滑轮的长木板放在水平桌面上,将细绳一端绕过定滑轮挂上适量的钩码,另一端与小车相连,使其能够带动小车向右运动,实验时先用手托住钩码,使小车静止。

(3) 在平板小车上放置一木块,木块左端系一细线与一端固定在竖直挡板上的水平弹簧测力计相连,调节细绳,使它与长木板平行。

(4) 在木块上放置适量的砝码,放开钩码,小车向右运动。记录下弹簧测力计读数 $F$ 和木块上砝码的重力 $G$。

(5) 多次改变木块上砝码的个数,并记录多组弹簧测力计读数和木块上砝码的重力的数值。

5. 数据处理

用图像法处理实验数据,以摩擦力 $F_f$ 为纵轴,正压力 $F_N$ 为横轴,建立直角坐标系,通过描点得到一条倾斜的直线,该直线的斜率即表示动摩擦因数。

6. 误差分析

弹簧测力计读数误差,木块左端细线和弹簧测力计是否水平也会产生误差。

**方案二:**

如图 3.2-2 所示,在倾斜的木板上安装两个光电门,调节木板与水平面的夹角 $\theta$,沿木板向下推动物体后放手。当物体通过两个光电门的时间相等时,说明物体在木板上做匀速直线运动。由 $F_f = mg\sin\theta$,$F_N = mg\cos\theta$,$\mu = \dfrac{F_f}{F_N}$,得 $\mu = \tan\theta$。故只要测出木板与水平面间的夹角 $\theta$ 的值就可求得动摩擦因数。

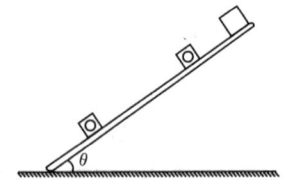

图 3.2-2

## 方法二 利用牛顿运动定律测量动摩擦因数

### 1. 实验原理

如图 3.2-3 所示,带滑轮的物块,设其质量为 $m$,细线的拉力为 $F$,由牛顿第二定律有:$2F - \mu mg = ma$,$F = \frac{1}{2}\mu mg + \frac{1}{2}ma$,通过纸带求得物块运动的加速度 $a$。多次实验,测量多组 $a$、$F$ 的值,作出 $F-a$ 的图像,由图像的截距可得到动摩擦因数。

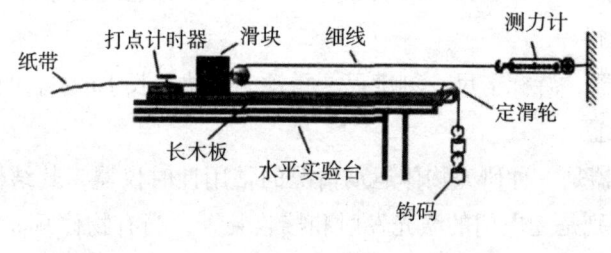

图 3.2-3

### 2. 实验器材

弹簧测力计、带滑轮的物块、带有定滑轮的长木板、打点计时器等。

### 3. 实验装置

如图 3.2-3 所示,表面粗糙、一端带有定滑轮的长木板平放在水平桌面上,带滑轮的物块左端固定纸带并穿过打点计时器的限位孔。

### 4. 实验步骤

(1) 用弹簧测力计测出带滑轮物块的重力 $mg$.

(2) 如图 3.2-3 安装好装置,调整滑轮两侧的细线与长木板平行。

(3) 接通打点计时器的电源,放开钩码,让物块加速滑行,在纸带上打下一系列的点,同时记下弹簧测力计的读数 $F$.

(4) 改变钩码的个数,重复实验,测出多组实验数据。

### 5. 数据处理

利用逐差法求出物块运动的加速度 $a$,以弹簧测力计的读数 $F$ 为纵轴,物块运动的加速度 $a$ 为横轴,得到如图 3.2-4 所示的一条纵截距为 $b$ 的直线,由 $F = \frac{1}{2}\mu mg + \frac{1}{2}ma$,得 $b = \frac{1}{2}\mu mg$,则 $\mu = \frac{2b}{mg}$.

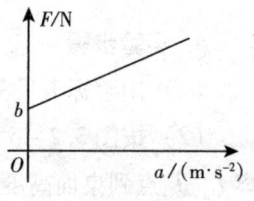

图 3.2-4

### 6. 误差分析

弹簧测力计读数误差、打点计时器上点间距测量的误差、细线和木板是否水平也会产生误差。

## ❖❖ 方法三 利用动力学测量动摩擦因数 ❖❖

### 1. 实验原理

由于挡光片的宽度很小，物体通过挡光片的平均速度等于通过光电门中心的瞬时速度，由速度和位移可求出加速度，再由牛顿运动定律可求出 $\mu$。

### 2. 实验器材

光电计时器、游标卡尺、刻度尺、重锤、滑块、长 1m 左右的木板。

### 3. 实验装置

光电计时器是一种研究物体运动情况的常用计时仪器，其结构如图 3.2-5 所示，$a$、$b$ 分别是光电门的激光发射和接收装置，当有物体从 $a$、$b$ 间通过时，光电计时器就可以显示物体的挡光时间。现利用图 3.2-5 所示装置测量滑块和木板间的动摩擦因数。图中 $MN$ 是水平桌面，$Q$ 是木板与桌面的接触点，1 和 2 是固定在木板上适当位置的两个光电门，与之连接的两个光电计时器图中没有画出。此外在木板顶端的 $P$ 点还悬挂着一个重锤，已知当地的重力加速度为 $g$，要测量滑块和木板间的动摩擦因数，还需测量哪些物理量，请写出动摩擦因数的表达式。

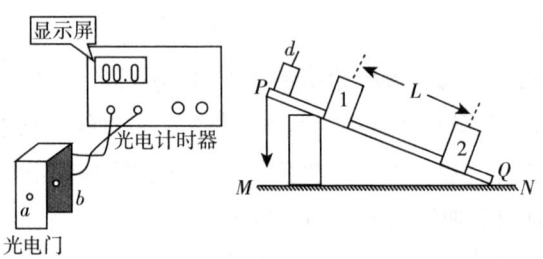

图 3.2-5

### 4. 实验步骤

（1）用游标卡尺测出挡光片的宽度 $d$。

（2）按图 3.2-5 连接好实验装置，用刻度尺测出两个光电门中心之间的距离 $L$，$P$ 点到桌面高度 $h$，$P$ 点与 $Q$ 点的水平距离 $L_1$，木板的长度 $L_2$。

（3）让滑块从木板的顶端滑下，记下光电门 1、2 各自连接的计时器显示的

挡光时间分别为 $t_1$ 和 $t_2$.

（4）改变木板与桌面之间的夹角，重复实验。

### 5. 数据处理

根据运动学知识有 $a = \dfrac{v_2^2 - v_1^2}{2L}$. 由牛顿运动定律有：$a = g\sin\theta - \mu g\cos\theta$，$\mu = \tan\theta - \dfrac{a}{g\cos\theta} = \tan\theta - \dfrac{v_2^2 - v_1^2}{2gL\cos\theta}$，而 $v_1 = \dfrac{d}{t_1}$，$v_2 = \dfrac{d}{t_2}$，$\tan\theta = \dfrac{h}{L_1}$，$\cos\theta = \dfrac{L_1}{L_2}$，故动摩擦因数表达式为 $\mu = \dfrac{h}{L_1} - \dfrac{L_2 d^2 (t_1^2 - t_2^2)}{2gLL_1 t_1^2 t_2^2}$.

### 6. 误差分析

刻度尺测量产生误差，光电门计时产生误差。

## 方法四　利用动能定理测量动摩擦因数

**方案一：**

### 1. 实验原理

如图 3.2-6 所示，小滑块从木质轨道斜面顶点 $A$ 由静止滑至水平部分 $C$ 点而停止。设木质轨道高为 $h$，滑块运动起末位置间的水平距离为 $s$。滑块从 $A$ 点滑到 $C$ 点，只有重力和摩擦力做功，设滑块质量为 $m$，动摩擦因数为 $\mu$，斜面倾角为 $\alpha$，斜面底边长 $s_1$，水平部分长 $s_2$，则 $s = s_1 + s_2$. 由动能定理得：$mgh - \mu mg\cos\alpha \cdot \dfrac{s_1}{\cos\alpha} - \mu mg s_2 = 0 - 0$，解得 $\mu = \dfrac{h}{s}$.

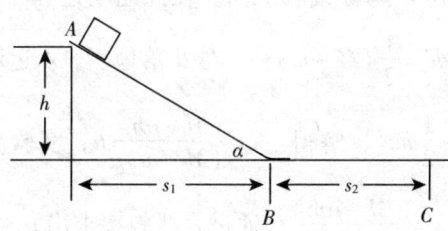

图 3.2-6

### 2. 实验器材

木质轨道（其倾斜部分与水平部分平滑连接，且水平部分足够长）、小滑块、刻度尺。

### 3. 实验装置

如图 3.2-7 所示，木质轨道（其倾斜部分与水平部分能平滑连接，水平部分足够长）测定小滑块和木质轨道间的动摩擦因数，请你写出实验步骤，并推导出测量动摩擦因数的表达式。

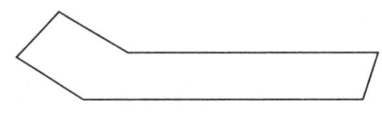

图 3.2-7

4. 实验步骤

（1）按图 3.2-7 所示固定好木质轨道（其倾斜部分与水平部分能平滑连接，水平部分足够长）。

（2）将小滑块从轨道的顶端由静止释放，最后在水平轨道上某处停下，用刻度尺测量木质轨道的高度 $h$、滑块运动起末位置间的水平距离 $s$.

（3）重复（2）多次，测出滑块运动的平均水平距离。

5. 数据处理

利用动摩擦因数的表达式 $\mu = \dfrac{h}{s}$ 求出动摩擦因数 $\mu$.

6. 误差分析

刻度尺读数、倾斜部分与水平部分连接处滑块动能损失产生误差。

方案二：

1. 实验原理

如图 3.2-8 所示，将 $A$ 拉到 $P$ 点，待 $B$ 稳定后静止释放，木块 $A$ 位于水平桌面上的 $O$ 点时，重物 $B$ 刚好接触地面。在此运动过程中，对 $A$、$B$ 整体由动能定理有：$Mgh - \mu mgh = \dfrac{1}{2}(M+m)v^2$，在 $B$ 落地后，$A$ 运动到 $Q$，对 $A$ 由动能定理有：$-\mu mgs = 0 - \dfrac{1}{2}mv^2$，解得：$s = \dfrac{M - \mu m}{(M+m)\mu}h$，实验测量多组数据，作出 $s - h$ 图像，直线斜率 $k = \dfrac{M - \mu m}{\mu(M+m)}$，通过直线斜率求出 $\mu$.

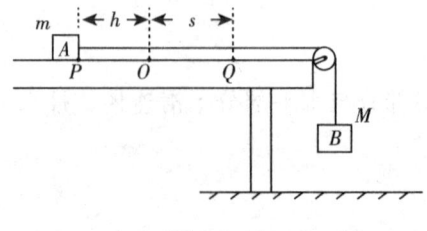

图 3.2-8

2. **实验器材**

带有定滑轮的长木板、两个木块、天平、刻度尺。

3. **实验装置**

如图3.2-8所示,在水平桌面上固定一带有定滑轮的长木板,用细线连接的$A$、$B$两木块,并调节细线与长木板平行。

4. **实验步骤**

(1) 用天平测出$A$、$B$木块的质量$m$、$M$.

(2) 按图3.2-8所示连接好装置,让木块$A$位于水平桌面上的$O$点时,重物$B$刚好接触地面。

(3) 将$A$拉到$P$点,待$B$稳定后由静止释放,$A$最终停在$Q$点。

(4) 用刻度尺分别测量$OP$、$OQ$的长度$h$和$s$.

(5) 改变$h$、$s$,重复上述实验,分别记录多组实验数据。

5. **数据处理**

根据实验数据作出$s-h$关系图像,利用直线的斜率求出$\mu$。

6. **误差分析**

刻度尺的读数、天平的读数、滑轮的摩擦产生误差。

## 方法五 利用平抛知识测量动摩擦因数

1. **实验原理**

如图3.2-9所示,由平抛知识有:$h=\frac{1}{2}gt^2$,$x=vt$,解得$v=x\sqrt{\frac{g}{2h}}$。滑块从$N$到$M$的过程中,由动能定理有:$-\mu mgs=\frac{1}{2}mv_2^2-\frac{1}{2}mv_1^2$,解得$\mu=\frac{v_1^2-v_2^2}{2gs}$,测出$x$、$h$、$s$后,整理得$\mu=\frac{x_1^2-x_2^2}{4hs}$。

2. **实验器材**

可自由移动的圆弧形滑槽(滑槽末端与桌面相切)、滑块、刻度尺。

3. **实验装置**

为了测定滑块与桌面之间的动摩擦因数,某同学设计了如图3.2-9(a)所示的实验装置。其中,$a$是滑块(可视为质点),$b$是可以固定于桌面的滑槽(滑槽末端与桌面相切)。第1次实验时,将滑槽固定于水平桌面的右端,滑槽的末端与桌面的右端$M$对齐,让滑块$a$从滑槽上最高点由静止释放滑下,落在

水平地面上的 $P$ 点；第 2 次实验时，将滑槽沿桌面向左移动一段距离并固定，测出滑槽的末端 $N$ 与桌面的右端 $M$ 的距离 $s$，让滑块 $a$ 再次从滑槽上最高点由静止释放滑下，落在水平地面上的 $P'$ 点（如图 3.2-9（b）所示）。

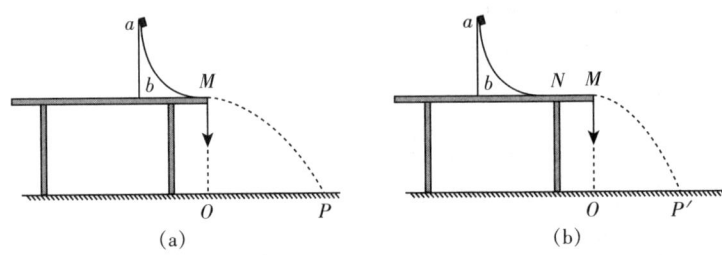

图 3.2-9

### 4. 实验步骤

（1）将滑槽固定于水平桌面的右端，滑槽的末端与桌面的右端 $M$ 对齐，让滑块 $a$ 从滑槽上最高点由静止释放滑下，落在水平地面上的 $P$ 点。

（2）将滑槽沿桌面向左移动一段距离并固定，测出滑槽的末端 $N$ 与桌面的右端 $M$ 的距离为 $s$，让滑块 $a$ 再次从滑槽上最高点由静止释放滑下，落在水平地面上的 $P'$ 点。

（3）用刻度尺测出桌面的高度 $h$，$QP$、$QP'$ 的距离 $x_1$、$x_2$。

### 5. 数据处理

利用动摩擦因数的表达式 $\mu = \dfrac{x_1^2 - x_2^2}{4hs}$ 求出动摩擦因数 $\mu$。

### 6. 误差分析

刻度尺测量产生误差。

## ❖❖ 方法六 利用能量守恒测量动摩擦因数 ❖❖

### 1. 实验原理

因为劲度系数为 $k$ 的轻质弹簧形变量为 $x$ 时，弹簧的弹性势能为 $E_p = \dfrac{1}{2}kx^2$。如图 3.2-10 所示，弹簧在 $B$ 点时，弹性势能为 $E_p = \dfrac{1}{2}kx_1^2$。当木块从 $B$ 点运动到 $C$ 点的过程中，由能量守恒有：$\dfrac{1}{2}kx_1^2 = \mu mgs$。将滑块悬挂在竖直放置的弹簧下，弹簧伸长后保持静止状态时，由胡克定律得 $mg = kx_2$，解得 $\mu = \dfrac{x_1^2}{2x_2 s}$。

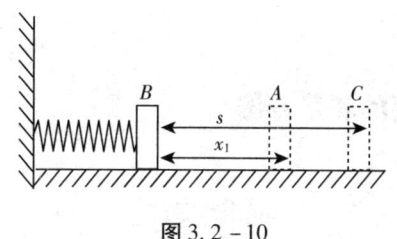

图 3.2 – 10

**2. 实验器材**

一根轻质弹簧、滑块、刻度尺。

**3. 实验装置**

如图 3.2 – 10 所示，一根轻质弹簧的一端固定，压缩后与一滑块直接接触但不连接。

**4. 实验步骤**

（1）如图 3.2 – 10 所示，将弹簧的一端固定在竖直墙面上，弹簧处于原长时另一端在位置 $A$，现使滑块紧靠弹簧将其压缩至位置 $B$，用刻度尺测出 $AB$ 间距离 $x_1$，松手后滑块在水平桌面上运动一段距离，到达 $C$ 位置时停止，用刻度尺测出 $BC$ 间距离 $s$.

（2）将滑块挂在竖直放置的弹簧下，弹簧伸长后保持静止状态，用刻度尺测出弹簧伸长量为 $x_2$.

**5. 数据处理**

利用动摩擦因数的表达式 $\mu = \dfrac{x_1^2}{2x_2 s}$ 求出动摩擦因数 $\mu$.

**6. 误差分析**

刻度尺读数产生误差。

##  三、重力加速度的测量方法

### 问题导入

重力加速度是物理学中的重要物理量之一,它与物体所处位置的纬度、海拔以及地质结构等因素有关。因此,不同地区的重力加速度值一般不相同,在地质、气象、勘探、地震和地球物理等领域的研究中,通常需要精确的重力加速度值。重力加速度值可通过实验精确测定,其测量方法很多。本文将中学阶段的测量方法进行归纳总结,通过对实验原理、器材选择、操作要点和误差分析等方面进行比较与研究,提出一些可实施的改进措施,以提高重力加速度值测量的精确性和可操作性,并期望以此为载体,探究问题解决的多样性,引导同学们灵活地学习和运用物理知识,以达到对物理知识的深刻理解和熟练掌握,这也有利于自主学习和创新能力的发展。

#### ◆◆ 方法一 用平衡法测量重力加速度 ◆◆

**1. 实验原理**

将质量已知的钩码竖直挂在弹簧秤挂钩上,待平衡后,设弹簧秤示数为 $G$,由公式 $G = mg$ 得:$g = \dfrac{G}{m}$。为提高测量的精度,可以改变所挂钩码的个数,重复以上操作,然后根据测得的各组数据,作出 $G - m$ 图像,可得一条直线,其斜率即表示待测的重力加速度 $g$。

**2. 实验器材**

弹簧秤,质量已知的钩码若干。

**3. 误差分析**

通过测量物体的质量及对应的重力,根据 $g = \dfrac{G}{m}$ 得出重力加速度,该实验原理简单且易于操作。产生误差的主要原因是弹簧秤的测量精度不高,弹簧秤的读数误差对测量结果也带来一定的影响。

## 方法二　用自由落体法测量重力加速度

运用自由落体运动规律，求出重力加速度。该方案的测量方法较多，如用打点计时器、频闪照相、数字计时器等，下面进行分类讨论。

**方案一：用打点计时器测量重力加速度**

### 1. 实验原理

重物拖着纸带下落的过程可以近似地看作自由落体运动，并求出重力加速度。

### 2. 实验器材

打点计时器、交流电源、纸带、重物与铁夹、铁架台。

### 3. 误差分析

实验装置如图 3.3－1 所示，将打点计时器固定在铁架台上时要保证处于竖直状态，且应保证支架稳定；手拿纸带末端并让纸带保持竖直，以保证重物在下落过程中，尽可能减小纸带与限位孔间的摩擦；另外，重物应选择密度大体积小的，以减小空气阻力对测量结果的影响。

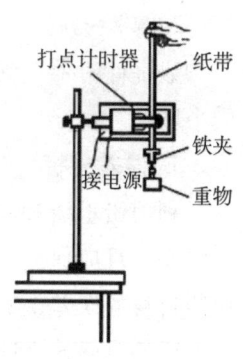

图 3.3－1

**方案二：用频闪照相法测量重力加速度**

### 1. 实验原理

实验装置如图 3.3－2 所示，在频闪光源的照射下，用照相机拍摄小球自由下落的频闪照片，然后对所得的频闪照片进行数据分析。由于频闪照相机价格昂贵，也可利用数码相机的连拍功能，拍摄小球做自由落体运动的连续照片，每秒可拍摄多帧照片，然后利用 Photoshop 软件把这几张照片重叠在一起，就可以获得频闪照片的效果，再根据照片上的信息就可求出重力加速度。

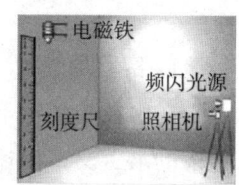

图 3.3－2

### 2. 实验器材

频闪光源、照相机、电磁铁、刻度尺等。

### 3. 误差分析

在该方案中，小球释放与频闪照相同步性的控制很关键，在电路设计成电磁铁断电的同时，照相系统开始频闪照相。但是，断电后的剩磁使小球在断电后的一段时间内继续受到磁力的影响，从而使测得的重力加速度值偏小。另外，照片的缩放也是该方案引起误差的重要因素。

**方案三：用数字计时器和光电门测量重力加速度**

1. 实验原理

如图3.3-3所示，在竖直放置的支架上固定$A$、$B$两个光电门，设两者之间的距离为$s$，在$A$光电门正上方释放小球，测出它下落经过$A$门时的速度$v_0$，通过$A$，$B$间距离的时间间隔$t$，则有：$s = v_0 t + \frac{1}{2}gt^2$，将测得的$s$、$v_0$、$t$代入上式，即可测出当地的重力加速度值$g$。

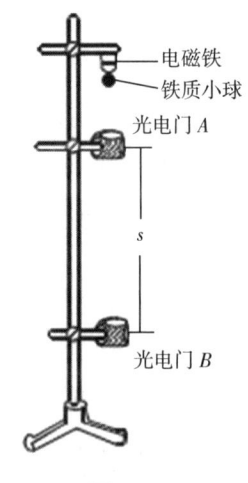

图3.3-3

2. 实验器材

数字计时器、光电门两个、铁架台、电磁铁、铁质小球。

3. 误差分析

利用铅垂线和立柱的调节螺丝，确保立柱处于竖直状态，且应保证支架稳定。在利用该装置测量时，产生的误差主要有：实验仪器自身的误差，实验装置的竖直程度调节不到位，空气流动的影响等。另外，断电后的剩磁使小球断电后还受到磁力的影响，测得的重力加速度值偏小。

## ❖❖ 方法三 用滴水法测量重力加速度 ❖❖

1. 实验原理

在水龙头的正下方放置一个盘子，此盘在该实验中有两个作用：既可收集落下的水，又可以让水滴落至盘中瞬间发出声音，以便于计时。在实验时，通过调整水龙头控制水的流量，在前一滴水滴到盘子中发出声音的同时，后一滴水恰好离开水龙头。当听到某个响声开始计时，测出$n$次听到水击盘声的总时间为$T$，则可求出一滴水的下落时间$t = \frac{T}{n-1}$。用刻度尺量出水龙头到盘子的高度差$h$，便可根据$h = \frac{1}{2}gt^2$求出重力加速度，即$g = \frac{2h}{t^2} = \frac{2h(n-1)^2}{T^2}$。

2. 实验器材

滴水装置、计时工具、刻度尺。

### 3. 误差分析

如图3.3-4所示，用滴水法测量重力加速度实验仪器简单，操作方便，但实验操作的难度较大，如调节阀门，不仅动手能力要强，而且要有敏锐的观察和反应能力。由于水龙头的流量较难控制，滴水装置也可用输液瓶或输液管代替，以便于调节。在实验中，为提高测量精度，不能直接测量一滴水在空中的运动时间，而应采用累积法。

图3.3-4

当用滴水法测量时，调节水龙头控制水的流量是实验的关键，使前一滴水滴到盘子发出声音的同时，后一滴水恰好离开水龙头，而这一过程对实验结果的影响又很大，如果调试不准，将会对实验结果产生很大的影响，同时空气流动引入的误差也是不能忽略的，所以要得到最佳的实验效果面临较大的困难。

## ▸▸ 方法四　用气垫导轨法测量重力加速度 ◂◂

### 1. 实验原理

如图3.3-5所示，用垫块使导轨与水平面形成一个倾角$\theta$，测出垫块高度$H$和导轨的长度$L$，则$\sin\theta = \dfrac{H}{L}$。倾斜气垫导轨上滑块的加速度与重力加速度的关系为$a = g\sin\theta$，由此可得：$g = \dfrac{a}{\sin\theta} = \dfrac{aL}{H}$。不难看出，该方法的关键是利用气垫导轨测出滑块匀加速下滑过程中的加速度$a$。让滑块从高处静止释放，用游标卡尺测量出挡光片的宽度$d$，利用数字计时器测出通过$A$、$B$光电门的时间$t_A$、$t_B$，用刻度尺测出$A$、$B$光电门间的距离$s$，可计算出加速度$a = \dfrac{\left(\dfrac{d}{t_A}\right)^2 - \left(\dfrac{d}{t_B}\right)^2}{2s}$，从而求出重力加速度值。为提高实验精度，可改变垫片高度$H$，也可改变两光电门的间距$s$，重复以上操作，多次测量求平均值。

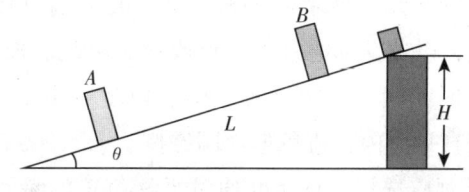

图3.3-5

## 2. 实验器材

气垫导轨、数字计时器、光电门、滑块、垫块、游标卡尺和刻度尺。

## 3. 误差分析

在用气垫导轨测量时，虽然有效地减少了阻力，但是由于将气垫导轨调节到水平不易实现，因此导致实验结果有较大误差。

### ◆◆ 方法五 利用单摆法测量重力加速度 ◆◆

## 1. 实验原理

由单摆的周期公式 $T = 2\pi\sqrt{\dfrac{L}{g}}$ 可得：$g = \dfrac{4\pi^2 L}{T^2}$。要测出重力加速度值，只需测量摆长 $L$ 和单摆的振动周期 $T$。其中，摆长 $L$ 等于摆线长 $L_0$ 和小球半径 $\dfrac{d}{2}$ 之和（可分别用刻度尺测出摆线长 $L_0$，用游标卡尺测出小球直径 $d$）。周期的测量可以采用累积法以减小实验误差，即用秒表测出 $n$ 个周期（通常可取 30 – 50 个）所用的时间 $t$，即可求出单摆的振动周期 $T = \dfrac{t}{n}$。改变摆长，重复测量几次。最后根据以上测得的数据作出 $L - T^2$ 图像，应是过原点的一条直线，计算出其斜率，由 $k = \dfrac{g}{4\pi^2}$ 可求得重力加速度值。实验装置如图 3.3 – 6 所示。

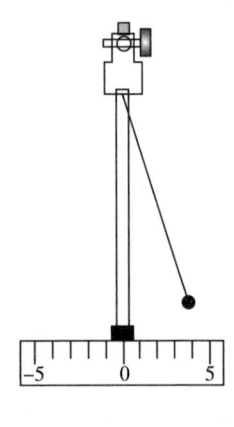

图 3.3 – 6

## 2. 实验器材

单摆、秒表、刻度尺、游标卡尺、小球。

## 3. 注意事项

（1）在选择摆线材料时，应选择轻而不易伸长的细线，长度一般在 1m 左右，小球应选用直径较小且密度较大的金属球。

（2）摆长是指摆线长与小球半径之和。悬线的上端应夹紧在铁夹中，切不可随意缠绕在铁夹上，以免摆动时发生悬点改变而引起摆长变化的现象。

（3）在摆球摆动时，摆角不能过大，摆动角度应小于 10°，且应保证其摆动过程保持在同一竖直平面内，避免形成圆锥摆。

（4）计时开始时刻应选择摆球刚好通过平衡位置的瞬间，因为此时刻的摆球速度最大，摆球通过此位置的时间最短，易于分辨，误差较小。

## 4. 误差分析

在用单摆法测量时，虽然原理简单，但由于单摆摆动时很难稳定在同一竖直平面内，因此可以改用双线摆增强摆动的稳定性，如图 3.3-7 所示。测周期时采用累积法虽然有了改进，但还存在一定的误差。另外，长度的测量以及摆动时摆线长度的变化，都会给实验结果带来误差。在用单摆法测量时，操作者不仅要细心，还要

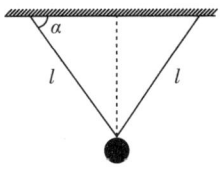

图 3.3-7

反应敏捷，动手能力强，测周期时如果反应不够快，没有及时按下秒表，或是在操作过程中稍有疏忽，就会数错全振动次数；实验操作过程不规范，在释放小球时没有保证单摆在同一平面内摆动，这样都会给实验结果造成较大误差。

**探究 1：**

如果摆球换成形状不规则的小石块，其重心位置将很难确定，用小石块做成单摆后，怎样利用本实验来测量重力加速度呢？

测量两次摆线的长度 $L_1$、$L_2$ 和对应的周期 $T_1$、$T_2$，设 $r$ 为拴住小石块的线端到小石块重心的距离，则有 $T_1 = 2\pi\sqrt{\dfrac{L_1+r}{g}}$，$T_2 = 2\pi\sqrt{\dfrac{L_2+r}{g}}$，解得 $g = \dfrac{4\pi^2(L_1-L_2)}{T_1^2-T_2^2}$。

**探究 2：**

若实验时摆球用很长的细线悬挂在天花板上，由于悬点过高，测量摆长时无法触及悬点，这将如何测定重力加速度的值呢？

先使单摆在某一摆长 $L$ 下做简谐振动，测出周期 $T_1$；再把绳长缩短 $\Delta L$ 后振动起来，测出周期 $T_2$，则有 $T_1 = 2\pi\sqrt{\dfrac{L}{g}}$，$T_2 = 2\pi\sqrt{\dfrac{L-\Delta L}{g}}$，解得 $g = \dfrac{4\pi^2 \Delta L}{T_1^2-T_2^2}$。

## ◆◆ 方法六　用圆锥摆测量 ◆◆

### 1. 实验原理

使单摆的摆锤在水平面内作匀速圆周运动，用刻度尺测量出悬点到圆心的距离 $h$，如图 3.3-8 所示，用秒表测出摆球转动 $n$ 圈所用的时间 $t$，则摆球角速度 $\omega = \dfrac{2\pi n}{t}$，摆球作

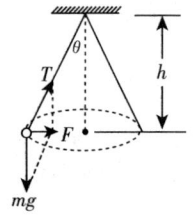

图 3.3-8

匀速圆周运动的向心力 $F = mg\tan\theta$，$\tan\theta = \dfrac{r}{h}$，$mg\tan\theta = m\omega^2 r$，由以上几式得：$g = \dfrac{4\pi^2 n^2 h}{t^2}$。

2. 实验器材

秒表、刻度尺、小球。

### 知识链接

假设地球为均匀球体，质量为 $M$，半径为 $R$，从地心沿半径方向开凿一条直径很小的隧道，将一个质量为 $m$ 的质点由地心开始沿隧道向外移动到地球外面过程中，重力加速度 $g$ 与离开地心的距离 $r$ 的关系式为 $g = \dfrac{r}{R}g_0$（$r \leqslant R$），$g = \dfrac{R^2}{r^2}g_0$（$r > R$），式中 $g_0$ 为地球表面的重力加速度。即重力加速度 $g$ 随着离开地心的距离 $r$ 的变化情况如图 3.3-9 所示。

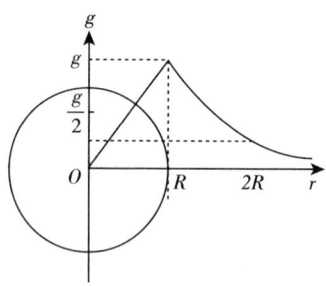

图 3.3-9

### 思考题

假设地球是一半径为 $R$、质量分布均匀的球体，一矿井深度为 $d$，已知质量分布均匀的球壳对壳内物体的引力为零。矿井底部和地面处的重力加速度大小之比为（　　）

A. $1 - \dfrac{d}{R}$　　　　　　　　B. $1 + \dfrac{d}{R}$

C. $\left(\dfrac{R-d}{R}\right)^2$　　　　　　D. $\left(\dfrac{R}{R-d}\right)^2$

## 四、磁感应强度的测量

### 问题导入

磁感应强度是描述磁场强弱的物理量，在科学研究中经常需要测量某区域的磁感应强度，由于磁场是一种看不见摸不着的特殊物质，直接测量磁感应强度是比较困难的。如何用我们所学的中学物理知识测量出磁感应强度，本文介绍几种用实验来间接测量磁感应强度的方法，供同学们参考。

#### 方法一 利用电流天平测量

**1. 实验原理**

（1）当线圈中通有方向如图 3.4 – 1 所示的电流时，在天平左右两边加上质量分别为 $m_1$、$m_2$ 的砝码，天平平衡。

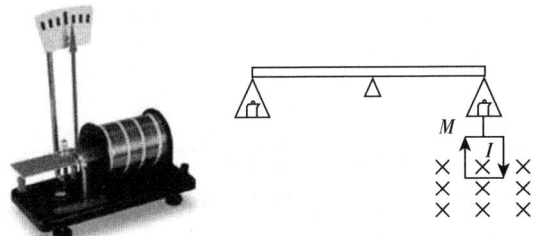

图 3.4 – 1

（2）当电流反向（大小不变）时，右边再加上质量为 $m$ 的砝码后，天平重新平衡。

增加砝码的重力 $mg$ 就是用来平衡因电流反向而引起的线框上安培力的变化。当电流反向时安培力的变化为 $2nBIL$，即 $2nBIL = mg$，得 $B = \dfrac{mg}{2nIL}$。

用这种方法测量磁感应强度，原理比较简单，测量时天平调平衡操作要求较高，可用游码作微调。提高测量精度可通过增加线圈的匝数 $n$、适当增大电流 $I$ 和线圈的宽度 $L$ 来实现。

## 2. 实验装置

如图 3.4-1 所示是电流天平及其原理图,在天平右盘下固定一矩形线圈 $M$,宽为 $L$,共 $n$ 匝,通过线圈的电流为 $I$,一部分处在匀强磁场中。用该装置可测量该磁场的磁感应强度 $B$。

### ❖❖ 方法二  用磁强计测量 ❖❖

### 1. 实验原理

磁强计实际上是利用霍尔效应来测量磁感应强度的仪器。如图 3.4-2 所示,当 $MN$ 间通以电流 $I$ 时,$PQ$ 间就会出现电势差,只要求出电势差 $U$,就可求得该磁场的磁感应强度 $B$。设导体板 $PQ$ 间电势差为 $U$,电场强度为 $E$,则 $U=Eb$. 此时导体中的自由电荷受到的电场力和洛伦兹力相平衡,即

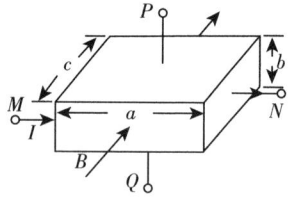

图 3.4-2

$qE=qvB$,式中 $v$ 为自由电荷定向移动的速度。设导体中单位体积内的自由电荷数为 $n$,则电流 $I=nqSv$,式中 $S$ 为导体横截面积,且 $S=bc$,故 $B=\dfrac{nqcU}{I}$,由此可知 $B \propto U$. 这样,只要将此装置先在已知磁场中定出标度,就可通过测定电势差来确定磁感应强度 $B$ 的大小。

### 2. 实验装置

如图 3.4-2 所示,一块长为 $a$,高为 $b$,宽为 $c$ 的导体板,导体板上分别接上 $M$、$N$、$P$、$Q$ 四个电极,将导体板放在匀强磁场中。当 $MN$ 间通以电流 $I$ 时,$PQ$ 间就会出现电势差,只要测出 $PQ$ 间的电势差 $U$,就可求出磁场的磁感应强度 $B$.

### ❖❖ 方法三  用弹簧秤测量 ❖❖

### 1. 实验原理

如图 3.4-3 所示,在用力将铁片与磁铁拉开一段微小距离 $\Delta L$ 的过程中,拉力 $F$ 可认为不变,因此,$F$ 所做的功为 $W_F=F\Delta L$. 磁场中单位体积所具有的能量叫做能量密度,以 $W$ 表示间隙中磁场的能量密度,且 $W=\dfrac{B^2}{2\mu}$,式中 $B$ 是磁感应强度,$\mu$ 是磁导率,在空气中 $\mu$ 为一已知常数,则间隙中磁场的能量 $E=W\Delta V$,即 $E=W\Delta V=WA\Delta L=\dfrac{B^2}{2\mu}A\Delta L$. 按题给条件知 $W_F=F\Delta L$,因 $F$ 所做的

功转化为间隙中磁场的能量，即 $E = W_F$，所以 $F\Delta L = \dfrac{B^2}{2\mu}A\Delta L$，$B = \sqrt{\dfrac{2\mu F}{A}}$.

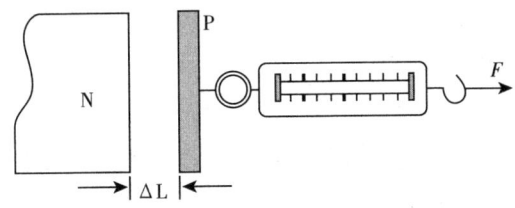

图 3.4 - 3

**2. 实验装置**

如图 3.4 - 3 所示，为了近似测得条形磁铁磁极端面附近的磁感应强度 $B$，用一根端面面积为 $A$ 的条形磁铁吸住一相同面积的铁片 $P$，再用力将铁片与磁铁拉开一段微小的距离 $\Delta L$，并测出拉力 $F$，然后就可求出该磁场的磁感应强度 $B$.

## ◆◆ 方法四　利用电磁感应测量 ◆◆

| 实验次数 | $I$（A） | $B$（$\times 10^{-3}$T） |
|---|---|---|
| 1 | 0.5 | 0.62 |
| 2 | 1.0 | 1.25 |
| 3 | 1.5 | 1.88 |
| 4 | 2.0 | 2.51 |
| 5 | 2.5 | 3.12 |

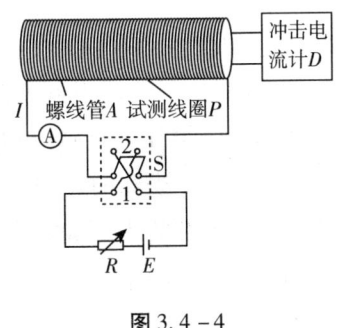

图 3.4 - 4

**1. 实验原理**

（1）如图 3.4 - 4 所示，当开关 S 由 1 位置拨到 2 位置时，电流反向，磁场也会同步反向，则此时线圈磁通量的变化量为 $\Delta\Phi = BS - (-BS) = 2BS$. 将开关 S 合到位置 1，待螺线管 A 中的电流稳定后，再将 S 从位置 1 拨到位置 2，测得 D 的最大偏转距离为 $d_m$，冲击电流计的磁通灵敏度为 $D_\Phi$，$D_\Phi = \dfrac{d_m}{N\Delta\Phi}$，式中 $\Delta\Phi$ 为单匝试测线圈 P 磁通量的变化量，得 $B = \dfrac{d_m}{2NSD_\Phi}$.

（2）从表中数据分析可知，在误差允许范围内，$B$ 与 $I$ 成正比，设 $B = kI$，代入表中数据，可得常数 $k = 1.25 \times 10^{-3}$，即它们间的关系为 $B = 1.25 \times 10^{-3} I$。

为了减小实验误差，提高测量的准确性，可适当增加试测线圈的匝数 $N$、适当增大试测线圈的横截面积 $S$。

### 2. 实验装置

如图 3.4-4 所示是测量通电螺线管 $A$ 内部磁感应强度 $B$ 及其与电流 $I$ 关系的实验装置。将截面积为 $S$、匝数为 $N$ 的小试测线圈 $P$ 置于螺线管 $A$ 中间，试测线圈平面与螺线管的轴线垂直，可认为穿过该试测线圈的磁场均匀。将试测线圈引线的两端与冲击电流计 $D$ 相连。拨动双刀双掷换向开关 $S$，改变通入螺线管的电流方向，不改变电流大小，在 $P$ 中产生的感应电流引起 $D$ 的指针偏转。

调节可变电阻 $R$，多次改变电流并拨动 $S$，得到 $A$ 中电流 $I$ 和磁感应强度 $B$ 的数据，如上表。由表中数据分析可得到螺线管 $A$ 内部磁感应强度 $B$ 和电流 $I$ 的关系。

## ◆◆ 方法五　利用磁场对导体的作用测量 ◆◆

### 1. 实验原理

如图 3.4-5 所示，当电流流过液体时，液体即成为载流导体，在磁场中将受到安培力作用，载流导体受到的安培力 $F = BIL$，方向向右，所以液体将由 $a$ 向 $b$ 流动，$a$、$b$ 间产生压强差，$b$ 端液面升高。由压强公式得 $p = \dfrac{F}{S} = \dfrac{F}{dL}$，又 $p = \rho g h$，解得 $B = \dfrac{\rho g h d}{I}$。

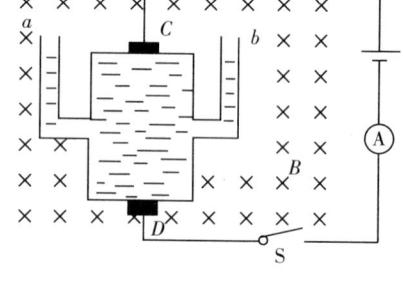

图 3.4-5

### 2. 实验装置

如图 3.4-5 所示是一个可以用来测量磁感应强度的装置：一长方体绝缘容器内部高为 $L$，厚为 $d$，左右两侧等高处装有两根完全相同的开口向上的管子 $a$、$b$，上下两侧装有电极 $C$（正极）和 $D$（负极），并经开关 $S$ 与电源相连。容器中注满能导电的液体，液体的密度为 $\rho$。将容器置于一匀强磁场中，磁场方向垂直纸面向里，当开关 $S$ 断开时，竖直管子 $a$、$b$ 中的液面高度相同。开关 $S$ 闭合后，$a$、$b$ 管中液面将出现高度差 $h$。

若在回路中接一电流表，并测得电流为 $I$，测出 $a$、$b$ 两管中液面高度差为

$h$，就可测量出该磁场的磁感应强度 $B$.

### ◆ 方法六 利用磁阻效应测量 ◆

2007年诺贝尔物理学奖授予了两位发现"巨磁电阻"效应的物理学家。材料的电阻随磁场的增强而增大的现象称为磁阻效应，利用这种效应可以测量磁感应强度。

1. **实验原理**

材料的电阻随磁场的增强而增大的现象称为磁阻效应，先测量材料在磁场中的电阻，再根据电阻 – 磁感应强度特性曲线就可以得到待测磁场的磁感应强度。

2. **实验装置**

如图3.4-6所示为某磁敏电阻在室温下的电阻 – 磁感应强度特性曲线，其中 $R_B$、$R_0$ 分别表示有、无磁场时磁敏电阻的阻值。为了测量磁感应强度 $B$，需先测量磁敏电阻处于磁场中的电阻值 $R_B$。请按要求完成下列实验。

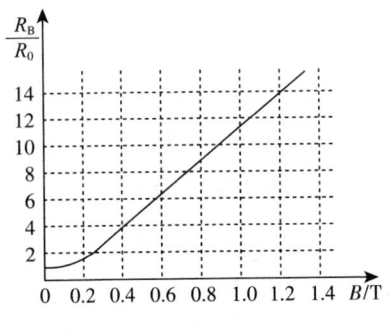

图3.4-6　　　　　图3.4-7

（1）设计一个可以测量磁场中该磁敏电阻阻值的电路，画出实验电路原理图（磁敏电阻及所在处磁场已给出，待测磁场磁感应强度大小约为0.6~1.0T，不考虑磁场对电路其他部分的影响），要求误差较小。提供的器材如下：

　　A. 磁敏电阻，无磁场时阻值 $R_0 = 150\Omega$

　　B. 滑动变阻器 $R$，全电阻约 $20\Omega$

　　C. 电流表量程2.5mA，内阻约 $30\Omega$

　　D. 电压表量程3V，内阻约 $3k\Omega$

　　E. 直流电源 $E$，电动势3V，内阻不计

　　F. 开关 $S$，导线若干

(2) 正确接线后，将磁敏电阻置入待测磁场中，测量数据如下表：

|  | 1 | 2 | 3 | 4 | 5 | 6 |
|---|---|---|---|---|---|---|
| $U(\text{V})$ | 0.00 | 0.45 | 0.91 | 1.50 | 1.79 | 2.71 |
| $I(\text{mA})$ | 0.00 | 0.30 | 0.60 | 1.00 | 1.20 | 1.80 |

根据表中数据可求出磁敏电阻的测量值 $R_B =$ _____ Ω，结合图 3.4 - 6 可知待测磁场的磁感应强度 $B =$ _____ T．

由题意可知，待测磁场磁感应强度大小约为 0.6 ~ 1.0T，无磁场时阻值 $R_0 = 150\Omega$，从电阻 - 磁感应强度特性曲线可以得到磁敏电阻在 1kΩ 左右，而题中所给的电压表的内阻约 3kΩ，电流表的内阻约 30Ω，故选择电流表内接法误差较小。又因滑动变阻器的总电阻约 20Ω，磁敏电阻的阻值远大于它，选择分压式电路误差较小，故测量磁敏电阻的电路如图 3.4 - 7 所示。根据实验数据作出 $U - I$ 图像，求出磁敏电阻约 1500Ω，对照电阻 - 磁感应强度特性曲线可以得到磁感应强度约为 0.90T．

## 思考题

如图 3.4 - 8 甲所示，厚度为 $h$，宽度为 $d$ 的导体垂直放在磁感应强度为 $B$ 的匀强磁场中．当电流通过导体时，在导体的上表面和下表面间会产生电势差，这种现象称为霍尔效应。实验表明，当磁场不太强时，电势差 $U$、电流 $I$ 和磁感应强度 $B$ 的关系式为 $U = k\dfrac{IB}{d}$，式中的比例系数 $k$ 称为霍尔系数。如图 3.4 - 8 乙所示是一个霍尔元件，其大小仅为发光二极管的五分之一。霍尔元件是一个四端元件，其中 $AC$ 端输入控制电流，$BD$ 端输出霍尔电压，可用电压表来检测。

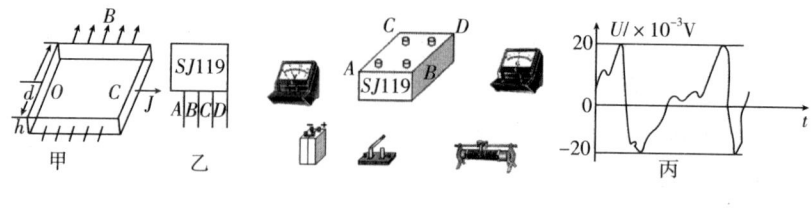

图 3.4 - 8

(1) 某研究性学习小组的同学用霍尔元件测量某地磁感应强度，准备的仪器还有电源 $E$，滑动变阻器，电流表和电压表。请根据所给的器材，在图3.4-8中的实物图上连线。

(2) 为了较准确地测量出该地的磁感应强度，该同学把霍尔元件的 $BD$ 端通过数据采集器连接到计算机中，用计算机自动读出霍尔电压的大小。因为不知道该处磁场的方向，该同学随意地转动霍尔元件，在计算机中得出的图像如图3.4-8中丙所示，该同学随意转动霍尔元件的目的是_____。

(3) 已知霍尔元件的霍尔系数 $k = 2.0 \times 10^2 \, \text{Vm/(AT)}$，$d = 1\,\text{mm}$，通过的电流恒为 $I = 2\,\mu\text{A}$，则该地的磁感应强度为 $B = $_____.

## 五、带电粒子比荷的测量方法

### 问题导入

测量带电粒子的比荷是近代物理中研究带电微粒性质的一个重要实验课题。自从英国物理学家汤姆生第一个测量出电子的比荷后,随着科学技术的发展,后来人们又设计出更方便、更准确的测量带电粒子比荷的实验方法及实验装置。下面对各种比荷测量装置和方法作一简单介绍,并结合中学物理实际,将各种以比荷测量为背景的科技物理综合问题梳理如下:

**(一) 利用平衡原理测量**

**方案一:利用带电粒子在匀强电场中平衡测量**

如图 3.5-1 所示,将两块水平放置的平行金属板的上、下极板分别与电源正、负极相接,上、下极板分别带正、负电荷,油滴从喷雾器喷出后,由于摩擦而带电,油滴进入上板中央小孔后落到匀强电场中,通过显微镜可以观察到油滴的运动,整个装置在真空容器中,调节两板的电势差,使油滴刚好做匀速直线运动,通过测量有关的实验数据可以求得油滴的比荷,下面阐述实验测量的原理和油滴比荷的表达式。

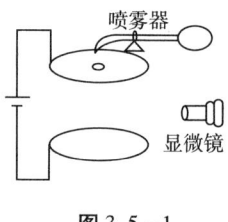

图 3.5-1

**测量原理:**

油滴匀速直线运动受到的电场力和重力平衡。测出两金属板间距为 $d$,油滴做匀速直线运动时两金属板间的电压 $U_0$. 由平衡条件 $qE = q\dfrac{U_0}{d} = mg$,解得 $\dfrac{q}{m} = \dfrac{gd}{U_0}$.

**方案二:利用带电粒子在电磁场中平衡测量**

设在真空室内有一方向斜向下、大小可以调节的匀强电场和匀强磁场,而且电场强度和磁感应强度的方向是相同的。实验时调节电场和磁场的强度,使一个带负电的粒子在该电磁场区域内以某一速度沿垂直于电磁场方向刚好做匀速直线运动,下面说明测量比荷的原理和比荷的表达式。

**测量原理:**

根据做匀速直线运动的条件得知,此粒子在该电磁场中所受重力、电场力和洛仑兹力的合力必定为零。由此可知,三个力一定在同一竖直平面内,如图

3.5-2 所示，粒子的速度垂直纸面向外，因粒子带负电，电场方向和电场力的方向相反，则磁场方向也与电场力的方向相反。记下粒子刚好作匀速直线运动时电场强度 $E$、磁感应强度 $B$、粒子匀速运动的速度 $v_0$。由三力平衡有：

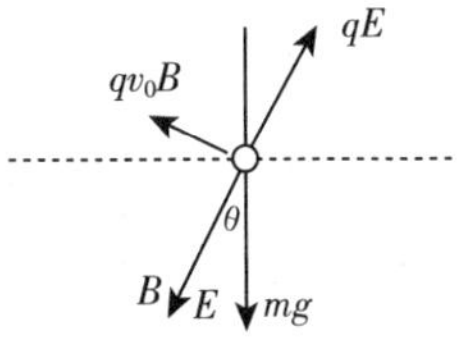

$$mg = \sqrt{(qE)^2 + (qv_0B)^2}, \text{解得} \frac{q}{m} = \frac{g}{\sqrt{E^2 + v_0^2 B^2}}.$$

图 3.5-2

### （二）利用偏转原理测量

**方案一：利用电场偏转测量**

电子的比荷是由物理学家汤姆生（J·J·Thomson）于 1897 年在英国剑桥大学卡文迪许实验室首先测出的，这一发现在当时对电子的存在提供了最好的实验证据。汤姆生是运用电场偏转的方法来测量电子的比荷的，他设计实验装置示意图如图 3.5-3 所示，真空管内的阴极 $K$ 发出的电子（忽略初速度、不计重力和电子间的相互作用）经加速电压加速后，穿过 $A'$ 中心的小孔沿中心轴 $O_1 O$ 的方向进入到两块水平正对放置的平行极板 $P$ 和 $P'$ 间的区域。当极板间不加偏转电压时，电子束打在荧光屏的中心 $O$ 点处，形成了一个亮点；当加上偏转电压 $U$ 后，亮点偏离到 $O'$ 点，$O'$ 与 $O$ 点的竖直间距为 $d$，水平间距可忽略不计。此时，在 $P$ 和 $P'$ 间的区域，再加上一个方向垂直于纸面向里的匀强磁场。调节磁场的磁感应强度，当磁感应强度的大小为 $B$ 时，亮点重新回到 $O$ 点。已知极板水平方向的长度为 $L_1$，极板间距为 $b$，极板右端到荧光屏的距离为 $L_2$。下面推导出电子的比荷的表达式。

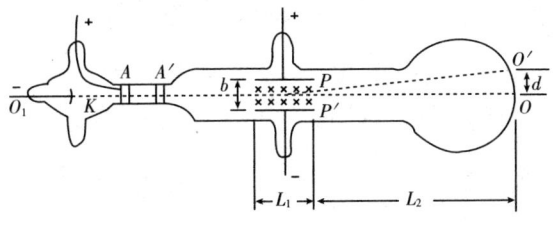

图 3.5-3

**测量原理：**

电子受到的电场力与洛伦兹力平衡时，电子做匀速直线运动；仅有偏转电场时，做类平抛运动，可利用运动的分解来计算。

当电子受到的电场力与洛伦兹力平衡时，电子做匀速直线运动，亮点重新回到中心 $O$ 点。设电子做匀速直线运动的速度为 $v$，则 $eE = evB$，得 $v = \frac{E}{B}$，

即 $v = \dfrac{U}{Bb}$；

当极板间仅有偏转电场时，电子以速度 $v$ 进入后，竖直方向做匀加速运动，加速度为 $a = \dfrac{eU}{mb}$，电子在水平方向做匀速运动，在电场内的运动时间为 $t_1 = \dfrac{L_1}{v}$，这样，电子在竖直方向偏转距离为 $y_1 = \dfrac{1}{2}at_1^2 = \dfrac{eUL_1^2}{2mv^2b}$；

设电子离开电场时竖直向上的分速度为 $v_y = at_1 = \dfrac{eL_1U}{mvb}$，电子离开电场后做匀速直线运动，经 $t_2$ 时间到达荧光屏 $t_2 = \dfrac{L_2}{v}$，在 $t_2$ 时间内向上运动的距离 $y_2 = v_yt_2 = \dfrac{eUL_1L_2}{mv^2b}$，这样，电子向上的总偏转距离为 $d = y_1 + y_2 = \dfrac{eUL_1}{2mv^2b}(L_1 + 2L_2)$，可解得 $\dfrac{e}{m} = \dfrac{2Ud}{B^2bL_1(L_1 + 2L_2)}$。

**说明**：要使荧光屏上显示亮点，必须要在短时间内有数目较多的电子到达荧光屏上同一点，这就要求一束具有相同速度的电子束通过速度选择器，汤姆生装置中可以通过同一电压加速产生具有相同速度的电子束。

**方案二：利用磁场偏转测量**

磁偏转法测量电子比荷的实验装置与汤姆生用电偏转法测量电子比荷实验装置相同，先用速度选择器测量出电子的速度 $v = \dfrac{U}{Bb}$，然后去掉电场，只保留磁场，则电子在洛伦兹力的作用下向下偏转，如图 3.5-4 所示，打到荧光屏的 $S$ 点，测出 $OS = d$，设电子在磁场中运动的半径为 $R = \dfrac{mv}{eB}$，偏转角为 $\theta$，则 $d$

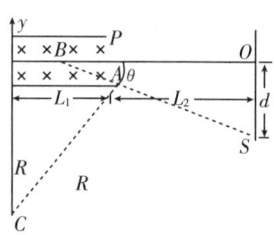

图 3.5-4

$= L_2\tan\theta + R - \sqrt{R^2 - L_1^2}$，因 $R$ 很大，偏转角 $\theta$ 很小，则有 $\tan\theta \approx \sin\theta = \dfrac{L_1}{R}$。又 $\sqrt{1 - \tan^2\theta} \approx 1 - \dfrac{1}{2}\tan^2\theta$，$\sqrt{R^2 - L_1^2} = R\sqrt{1 - \left(\dfrac{L_1}{R}\right)^2} = R\sqrt{1 - \tan^2\theta} \approx R(1 - \dfrac{1}{2}\tan^2\theta)$，所以 $d = \dfrac{BeL_1(2L_2 + L_1)}{2mv}$，代入得 $\dfrac{e}{m} = \dfrac{2dU}{B^2bL_1(2L_2 + L_1)}$。

**说明**：汤姆生测量电子比荷的技术被人们应用到现代电视机的显像管中，

由于电偏转中横向偏转量 $d_电 = \dfrac{eUL_1}{2mv^2b}(L_1+2L_2)$，磁偏转中横向偏转量 $d_磁 = \dfrac{BeL_1(2L_2+L_1)}{2mv}$，又电子的速度 $v$ 非常大，由此可知，要在荧光屏上产生给定尺寸的偏转量（$d$ 一定），电偏转需要特别大的偏转电压，或者需要很长的管子，这显然没有磁偏转方便，因此现代电视机的显像管中都采用磁偏转技术。

### （三）利用质谱仪测量同位素的比荷

随着科学技术水平的进步，在1919年，技术上已经能产生一束速度相同的离子束。同时，为了研究同位素的需要，科学家发明了一台叫做质谱仪的仪器，它的精密度可达 1/10000。

如图 3.5-5 所示为贝恩布里奇（Bainbridge）设计的用来测量同位素比荷的仪器。有一束速度相同的同位素离子以相同的速度通过狭缝 $S_1$、$S_2$，向下运动到两极板 $P_1$、$P_2$ 之间，在这两极板之间有垂直纸面向外的匀强磁场，磁感应强度为 $B$，同时加一水平向右的匀强电场，电场强度为 $E$，调节 $E$ 和 $B$，使离子沿着直线通过狭缝 $S_3$，然后进入半圆形的匀强磁场区域，此区域的磁感应强度为 $B'$，最后离子在此匀强磁场中做匀速圆周运动，

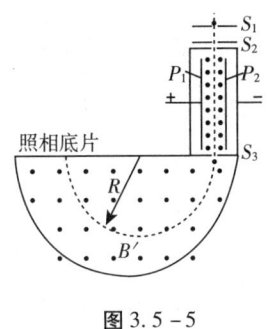

图 3.5-5

经过半个圆周打到照相底片上，测量出偏转直径 $D$。下面说明测量该同位素离子比荷的原理并求出其比荷的表达式。

**测量原理：**

设离子束的速度为 $v$，由于通过速度选择器，因而其速度 $v$ 满足 $qE = qvB$。离子进入磁场后，在洛伦兹力作用下做匀速圆周运动，由洛伦兹力提供向心力有 $qvB' = m\dfrac{v^2}{R}$，$D = 2R$，联立解得该离子的比荷为 $\dfrac{q}{m} = \dfrac{2E}{BB'D}$。

### （四）利用光电效应测量

如图 3.5-6 所示是对光电效应中产生的光电子进行比荷测量的原理图，两块平行金属板相距很近，板间距离为 $d$，放在真空环境中，其中 $N$ 为锌板，受紫外线照射后将激发出沿不同方向运动的光电子，打在 $M$ 板上形成光电流，引起微安表偏转。若调节变阻器 $R$，逐渐增大两板间电压，可以使光电流逐渐减小到零，当电压表读数为 $U$ 时，电流表示数恰好为零。打开电键，在 $MN$ 之间加一垂直纸面的匀强磁场，逐渐增大磁感应强度，也能使光电流逐渐减小到零，

此时的磁感应强度为 $B$，下面推导出光电子比荷的表达式。

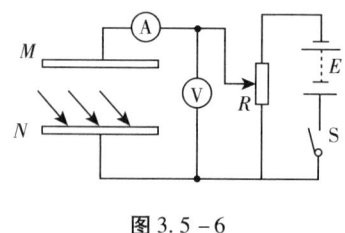

图 3.5-6

**测量原理：**

当电压表的示数为 $U$ 时，光电流恰好为零，可知光电子的最大初动能为 $\frac{1}{2}mv_0^2 = eU$；打开电键，在 $MN$ 之间加一垂直纸面的磁场，随磁感应强度 $B$ 的增大，也能使光电流为零，此时最大初动能的光电子做圆周运动的直径为板间距离 $d$。由光电子在洛伦兹力作用下做匀速圆周运动，满足 $qv_0B = m\frac{v^2}{R}$，$d = 2R$，解得 $\frac{e}{m} = \frac{8U}{B^2d^2}$。

**（五）双电容法测量**

测量电子的比荷，精确的现代测量方法之一是双电容法。如图 3.5-7 所示，在真空管中由阴极 $K$ 发出的电子，其初速度为零，此电子被阴极 $K$ 和阳极 $A$ 间的电场加速后穿过屏障 $D_1$ 上的小孔，然后按顺序穿过电容器 $C_1$、屏障 $D_2$ 上的小孔和第二个电容器 $C_2$ 而打到荧光屏 $F$ 上，阳极和阴极间的电压为 $U$，分别在电容器上加有频率为 $f$ 的完全相同的交流电压，$C_1$、$C_2$ 中心之间的距离为 $L$，调节频率 $f$ 使电子束在荧光屏上的亮点不发生偏转。下面给出电子比荷的表达式。

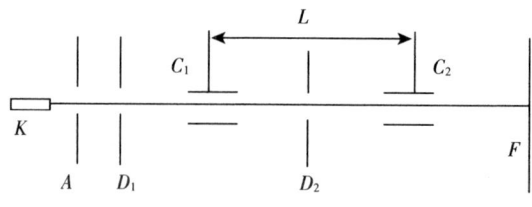

图 3.5-7

**测量原理：**

由于电容器上加的是交流电压，那么其中的电场是随时间变化的。但考虑到电子加速后，速度很大，电子通过电容器的时间极短，可以忽略这一段时间内的电压变化。现在有两个电容器，而且要求电子最后不偏转，只能是电子进入每个电容器的时刻都正好是电场强度等于零的时候，电子做匀速直线运动通过两个电容器，所以能到达荧光屏的电子在到达 $C_1$、$C_2$ 的瞬间电压都为零，所以电子通过两电容器间的距离所需要的时间 $t=\dfrac{L}{v}$，且满足 $\dfrac{L}{v}=\dfrac{T}{2}n=\dfrac{1}{2f}n$（设交流电的周期为 $T$，$n=1$，$2$，$3\cdots$），电子经过 $KA$ 间电场加速获得的速度 $v$ 满足 $eU=\dfrac{1}{2}mv^2$，解得 $\dfrac{e}{m}=\dfrac{2f^2L^2}{n^2U}$。

**（六）用磁聚焦法测量**

如图 3.5–8 所示是用磁聚焦法测量电子比荷的实验装置示意图。在真空玻璃管中有热阴极 $K$ 和有小孔的阳极 $A$，在 $AK$ 之间加电压 $U$ 时电子被加速从 $A$ 孔射入，然后沿直线进入电容器 $C$，在电容器 $C$ 上加一较小交变电压，不同时刻的电子进入电容器 $C$ 的过程中被横向加速偏转，射出电容器 $C$ 后横向速度不同（其横向位移很小），在电容器右侧加一水平方向的匀强磁场，电子在 $C$ 的右侧将做螺旋运动，调节水平方向的匀强磁场的磁感应强度大小，使电子经过一个周期都会聚在同一水平线上的一点，其运动示意图如图 3.5–9 所示，设螺距为 $L$，此时磁感应强度的大小为 $B$。下面说明实验测量的原理以及电子比荷的表达式。

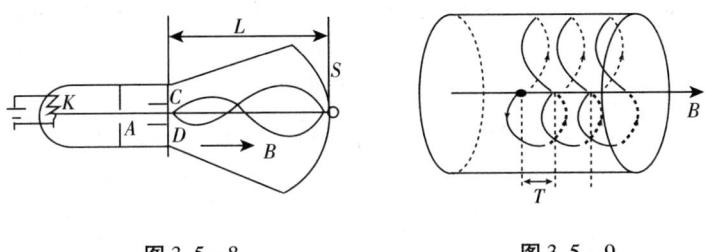

图 3.5–8　　　　　　图 3.5–9

**测量原理：**

设电子水平方向的速度为 $v_x$，竖直方向的速度为 $v_y$，电子在水平方向做匀速直线运动，在竖直方向做匀速圆周运动，运动周期 $T=\dfrac{2\pi m}{eB}$，一个周期向右运动的水平距离 $L=v_xT=\dfrac{2\pi mv_x}{eB}$，电子在 $AK$ 之间被电压 $U$ 加速后从 $A$ 孔射入时有 $eU=\dfrac{1}{2}mv_x^2$，解得 $\dfrac{e}{m}=\dfrac{8\pi^2U}{L^2B^2}$。

##  六、电阻的测量

### 问题导入

测电阻的方法较多,最基本的方法是伏安法,测量的原理是部分电路的欧姆定律 $R = \dfrac{U}{I}$.

**(一) 测量电阻常用方法**

1. **欧姆表**

欧姆表是直接测电阻的仪表,但是一般用欧姆表测量只能粗测,只能为下一步的精确测量提供一个参考依据。

2. **伏安法**

电路图如图 3.6 – 1 所示。

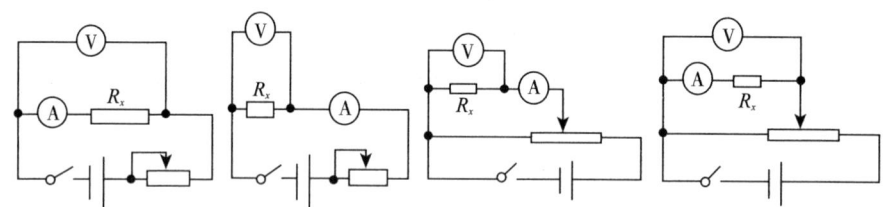

图 3.6 – 1

内接法:误差是由于电流表分压引起的。若 $R_x > > R_A$ 时,采用电流表内接法。

外接法:误差是由于电压表分流引起的。若 $R_V > > R_x$ 时,采用电流表外接法。

滑动变阻器分压接法的优势:电压变化范围大;限流接法的优势:电路连接简单,功率损耗较小。

3. **双安法**

电路图如图 3.6 – 2 所示。$R_x = \dfrac{I_1 R_{A1}}{I_2 - I_1}$,$R_{A1} = \dfrac{I_2 R_{A2}}{I_1}$.

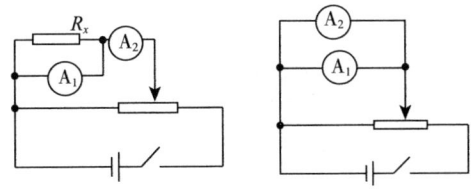

图 3.6 - 2

### 4. 双伏法

电路图如图 3.6 - 3 所示。$R_{V1} = \dfrac{U_1}{U_2} R_{V2}$，$R_x = \dfrac{U_2 - U_1}{U_1} R_{V1}$.

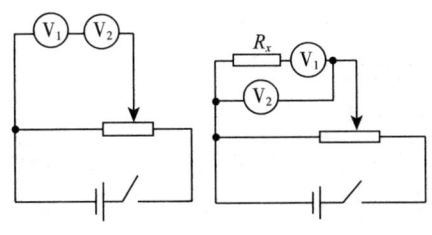

图 3.6 - 3

### 5. 替代法

电路图如图 3.6 - 4 所示。$R_x = R_0$.

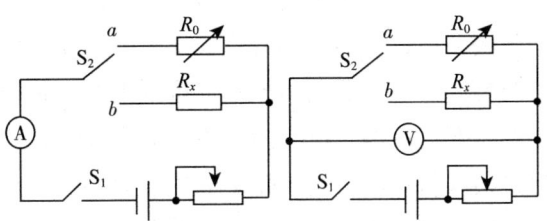

图 3.6 - 4

### 6. 半偏法

电路图如图 3.6 - 5 所示。$R_A = R_0$，$R_V = R_0$.

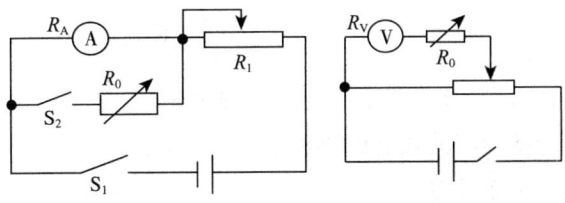

图 3.6 - 5

### 7. 电桥法

电路图如图 3.6–6 所示。$R_x = \dfrac{L_1}{L_2} R_0$.

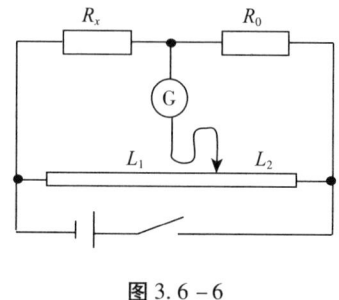

图 3.6–6

### （二）电表内电阻的测量

#### 1. 电表的本质———电阻

电流表、电压表、欧姆表的本质都是电阻，只不过电流表内电阻较小，一般几个欧姆，电压表内电阻较大，一般几千欧姆，而欧姆表在不同的挡位其内电阻可从几十欧姆到几十千欧姆变化。电压表能测出自身两端的电压，电流表能测出通过自身的电流，而欧姆表能表达出自身的内阻。它们的表头都是一个灵敏电流计，其指针是根据电流大小来偏转的，电流越大，偏转也越大。但是电压表、电流表是通过外加的电源使其指针偏转，而欧姆表指针的偏转是靠自身内部提供的电源使其指针偏转。当要测量某电路两端的电压时，需将电压表并联在被测电路两端，可一旦我们将电压表接入电路，相当于把一个较大的电阻并联在该电路的两端，使整个电路的电阻比原来小了，这就对电路产生了影响。当要测量通过某电路的电流时，需将电流表与被测电路串联，可一旦把电流表接入电路，相当于把一个较小的电阻串联在该电路，使整个电路的电阻比原来大了，也同样对电路产生了影响。因此当用电流表、电压表去测电流或者电压时，一旦将其接入电路就一定会对电路产生影响。

#### 2. 电表之间的互用互通

如果知道了电压表的电阻为 $R_V$，电压表同时也就成了电流表（电流 $I = \dfrac{U}{R_V}$，$U$ 为电压表的读数）；如果知道了电流表的内阻 $R_A$，电流表同时也是一只电压表（电压 $U = IR_A$，$I$ 为电流表的读数）。

#### 3. 电表内阻的测量方法

由于电表本身也是一个电阻，所以它内阻的测量方法也就是电阻的测量方法，测量的方法非常多，但由于电表本身能测自己的电流或电压，因此其内阻测量的基本方法是：电压表只要串联一个适当量程的电流表即可；电流表只要并联一个适当量程的电压表即可。举例如下：

1. **电流表内阻的测量**

**例1**：某电流表的内阻在 $0.1\Omega \sim 1\Omega$ 之间，现要测量其内阻，实验室提供了下列可选用的器材：

A. 待测电流表 A（量程 0.6A）

B. 电压表 $V_1$（量程 3V）

C. 电压表 $V_2$（量程 15V）

D. 滑动变阻器 $R_1$（最大阻值 $10\Omega$）

E. 定值电阻 $R_0$（电阻 $5\Omega$）

F. 电源 $E$（电动势 4V）

G. 开关 S 及连接导线若干

（1）为使实验更精确，电压表应选用（填写序号）_____。

（2）为了尽量减小误差，要求测多组数据，试画出符合要求的实验电路图。

（3）在选择合适电路的基础上，若测得电流表读数为 $I$，电压表读数为 $U$，试推出测定电流表内阻 $R_A$ 原理的表达式。

**解析**：此题是最常见的利用伏安法测量电阻，由于电流表本身能测出自身的电流，因此只要测出待测电流表两端的电压就能算出电流表的内阻。但由于该电流表两端所能承受的电压比较小，故可用串联一个电阻 $R_0$ 的方法来保护电流表。根据实验要求测多组数据的要求，滑动变阻器应该用分压式接法，电压表应该选择 B。

**答案**：（1）电压表选用 B；（2）设计的电路图如图 3.6 - 7 所示；（3）电流表内阻 $R_A$ 的表达式：$R_A = \dfrac{U}{I} - R_0$。

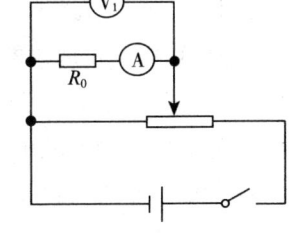

图 3.6 - 7

2. **电压表内阻的测量**

**例2**：实验室内有一电压表 mV，量程为 150mV，内阻约为 $150\Omega$。实验室提供如下器材：干电池 $E$（电动势约为 1.5V），电阻箱 $R$，滑动变阻器 $R'$，电流表 A（有 1.5mA，15mA 与 150mA 三个量程）及开关 K。用如图 3.6 - 8 所示的电路测量电压表的内阻。

在既不损坏仪器又能使精确度尽可能高的条件下,电路中电流表 A 应选用的量程是_____。若合上 K,调节滑动变阻器后测得电压表的读数为 150mV,电流表 A 的读数为 1.05mA,则电压表的内阻 $R_{mV}$ 为_____(取三位有效数字)。

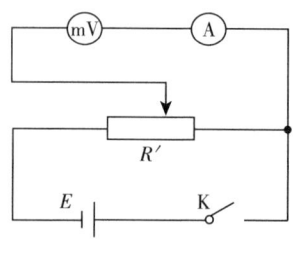

图 3.6-8

**解析**:此题也是利用伏安法测电阻,由于待测电压表能承受的电流约为 $I = \dfrac{U}{R} = \dfrac{0.15}{150} = 1\text{mA}$,故电流表应该选择 1.5mA 的量程。根据公式 $R_{mV} = \dfrac{U}{I} = \dfrac{150}{1.05} = 143\Omega$,即电压表的内阻为 $143\Omega$。此题虽然也是利用伏安法测量电阻,但不存在内外接法中所涉及的系统误差问题。

**3. 欧姆表内阻的测量**

用欧姆表测量一个电表的内阻时,把选择开关拨到欧姆挡,在选好倍率后,将红、黑表笔短接,调节欧姆调零旋钮,使指针指在右端零刻线处。将红、黑表笔接在被测电表两端进行测量,将指针示数乘以倍率,即得该电表的内阻。测电压表内阻时,要选择较大的倍率测量;测电流表内阻时,要选择较小的倍率测量,若电流表内阻太小,可用阻值已知的电阻与电流表串联后测量其串联的总电阻,则电流表的内阻等于测量值减去已知电阻的阻值。

**(三)电动机内阻的测量**

电动机不转动时是纯电阻电路,转动时是含源电路。

**例 3**:某实验小组采用如图 3.6-9(a)所示的电路测量规格为"6V,0.5A"的小型直流电动机 M 中线圈的电阻(阻值约为几欧姆),$R_0$ 是阻值为 $3.0\Omega$ 的定值电阻。

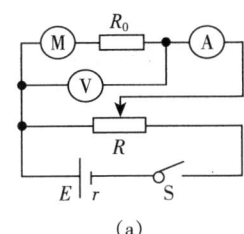 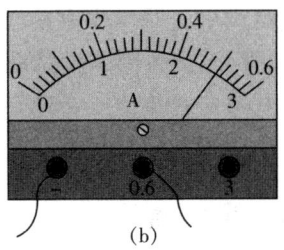

**图 3.6 - 9**

（1）调节 R 时，应控制电动机_____（转动或不转动）时读出电流表、电压表的示数。

（2）若电压表示数是 2.5V，电流表示数如图 3.6 - 9（b）所示，读得电流表示数是_____A.

（3）根据测得的数据，计算出电动机线圈电阻为_____Ω.

（4）由于_____（选填"电流表内阻"或"电压表内阻"）的影响，测得的电动机线圈电阻比实际值偏_____（选填"大"或"小"）。

**解析：**（1）测量小型直流电动机中线圈的电阻时应控制电动机不转动，不转动时是纯电阻电路，电动机转动时是一个含源电路；（2）如图 3.6 - 9（b）所示，电流表选用 0.6A 量程每小格为 0.02A，读得电流表示数 0.50A；（3）根据测得的数据，计算电动机线圈电阻为 $R = \dfrac{U}{I} - R_0 = 2\Omega$；（4）因为采用的是电流表外接法，电流表所测的电流是电路的总电流，电压表的分流带来误差，电流测量值偏大，测得的电动机线圈电阻比实际值偏小。

**答案：**（1）不转动；（2）0.50；（3）2；（4）电压表内阻，小。

**（四）实际用电器电阻的测量**

实际用电器的电阻由其伏安曲线可知，它们的电阻是随着温度动态变化的，不能视为定值电阻用欧姆定律公式直接计算其电阻。若在同一坐标系中作出待测用电器和工作电源的 $U$ - $I$ 或 $I$ - $U$ 图像，两条曲线的交点就是待测用电器在电路中工作时的工作点，由交点的坐标即可求得该电器实际工作状态下的电流、电压、功率等物理量。

**例 4：**若某同学将伏安特性曲线如图 3.6 - 10 所示的一个小灯泡以及给定的定值电阻 $R_0 = 6\Omega$ 两者一起串联接在电源（$E = 3V$，内阻不计）两端，则灯泡的实际电阻是_____Ω（结果保留两位有效数字）。

**解析：** 设小灯泡的实际电压为 $U$，实际电流为 $I$，由欧姆定律有 $U+IR_0=E$，即 $U=-6I+3$，两条 $U-I$ 图线的交点即为小灯泡的实际工作点。故可在小灯泡的 $U-I$ 曲线坐标系中作出 $U=-6I+3$ 的图线，如图 3.6-11 所示，根据此图线与灯泡的 $U-I$ 图线的交点可得此时灯泡的电压 $U=0.9\text{V}$，电流 $I=0.35\text{A}$。所以灯泡的实际电阻为 $R=\dfrac{U}{I}=\dfrac{0.9}{0.35}=2.6\Omega$。

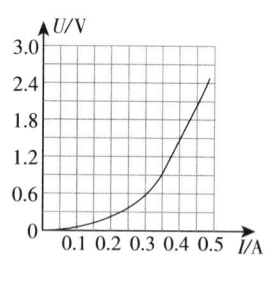 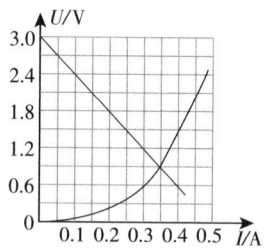

图 3.6-10　　　　　　图 3.6-11

**（五）减小系统误差的创新实验**

根据欧姆定律，用伏安法可以测出电阻的阻值。由于电表内阻带来的影响，都存在不可避免的系统误差，使测量精度不高。下面将在伏安法的基础上讨论消除系统误差的实验方法，使测量精度达到更高要求。

**方案一：作差法**

**方法 1：**

电路如图 3.6-12 所示，先将开关 $S_1$ 与"1"接通，开关 $S_2$ 与"2"接通，调节电阻箱 $R$，使电流表 $A_2$ 的示数为 $A_1$ 的一半，记下此时电阻箱的示数 $R_1$；然后把开关 $S_1$ 与"2"接通，开关 $S_2$ 与"3"接通，调节电阻箱 $R$，使 $A_2$ 表示数为 $A_1$ 表的一半，记下此时电阻箱的示数 $R_2$。

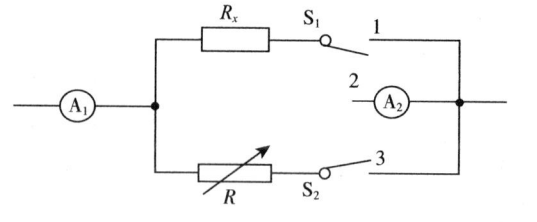

图 3.6-12

**实验原理：**

当 $S_1$ 与"1"接通，$S_2$ 与"2"接通时，调节电阻箱 $R$，$A_2$ 表示数为 $A_1$ 表的一半，此时 $R_x$ 支路和 $R$ 支路电流相同，电压也相同，由欧姆定律可得：$R_1 + R_{A2} = R_x$ ①；当 $S_1$ 与"2"接通，$S_2$ 与"3"接通时，调节电阻箱 $R$，$A_2$ 表示数为 $A_1$ 表的一半，此时两支路电流相同，电压也相同，由欧姆定律可得 $R_x + R_{A2} = R_2$ ②；由①-②式可得：$R_x = \dfrac{R_1 + R_2}{2}$.

**方法2：**

电路图如图 3.6-13 所示，先把开关 S 与"2"接通，调节电路，记下此时电压表和电流表的示数 $U_1$、$I_1$；然后把开关 S 与"1"接通，调节电路，记下此时电压表和电流表的示数 $U_2$、$I_2$.

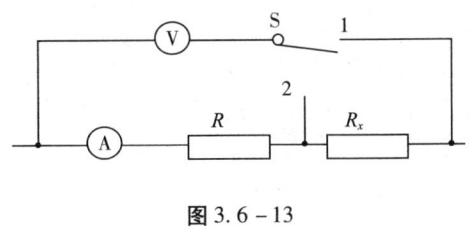

图 3.6-13

**实验原理：**

当开关 S 与"2"接通时，由欧姆定律可得电流表 $R_A$ 和电阻 $R$ 的电阻之和为：$R_A + R = \dfrac{U_1}{I_1}$ ①. 当开关 S 与"1"接通时，由欧姆定律可得电流表 $R_A$、电阻 $R$ 和待测电阻 $R_x$ 的电阻之和为：$R_A + R + R_x = \dfrac{U_2}{I_2}$ ②，由②-①可得：$R_x = \dfrac{U_2}{I_2} - \dfrac{U_1}{I_1}$.

**方案二：结论法**

**方法1：用电压表测电阻**

**实验原理：**

如图 3.6-14 所示，电路两端电压 $U$ 保持不变，两定值电阻 $R_1$ 和 $R_2$ 串联，当把电压表接在 $R_1$ 两端时（实线电压表）示数为 $U_1$，当把该电压表接在 $R_2$ 两端时（虚线电压表）示数为 $U_2$，由电路规律得：

$$U_1 = \dfrac{U}{\dfrac{R_1 R_v}{R_1 + R_v} + R_2} \cdot \dfrac{R_1 R_v}{R_1 + R_v} = \dfrac{U R_1 R_v}{R_1 R_v + R_1 R_2 + R_2 R_v},$$

$$U_2 = \frac{U}{\frac{R_2 R_v}{R_2 + R_v} + R_1} \cdot \frac{R_2 R_v}{R_2 + R_v} = \frac{U R_2 R_v}{R_1 R_v + R_1 R_2 + R_2 R_v},\quad 由此得到结论：\frac{U_1}{U_2} = \frac{R_1}{R_2},$$

与电压表的内阻 $R_v$ 无关．

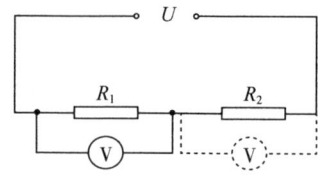

图 3.6-14

**实验电路：**

电路如图 3.6-15 所示（$S_1$、$S_2$ 为单刀双掷开关）．

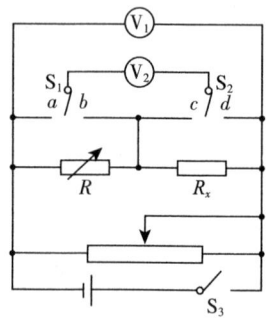

图 3.6-15

**实验步骤：**

（1）闭合 $S_3$，$S_1$ 和 $a$ 接通，$S_2$ 和 $c$ 接通，调节滑动变阻器和电阻箱，使两电压表有比较明显的示数，记下此时电压表 $V_1$ 的读数 $U_0$，电压表 $V_2$ 的读数 $U_1$，电阻箱的读数 $R$．

（2）保持电阻箱的阻值不变，$S_1$ 和 $b$ 接通，$S_2$ 和 $d$ 接通，调节滑动变阻器，使电压表 $V_1$ 的读数仍为 $U_0$，记录下此时电压表 $V_2$ 的读数 $U_2$．

（3）由结论 $\dfrac{U_1}{U_2} = \dfrac{R}{R_x}$，得 $R_x = \dfrac{U_2}{U_1} R$．

（4）重复上述步骤多测几组数据，最后取平均值．

**方法2：用电流表测电阻**

**实验原理：**

如图3.6-16所示，电路中总电流 $I$ 保持不变，两定值电阻 $R_1$ 和 $R_2$ 并联，当电流表和 $R_1$ 串联时（实线电流表）示数为 $I_1$，当把该电流表和 $R_2$ 串联时（虚线电流表）示数为 $I_2$，由电路规律得：$I_1 = \dfrac{R_2}{R_1 + R_A + R_2} I$，$I_2 = \dfrac{R_1}{R_1 + R_A + R_2} I$，由此得到结论：$\dfrac{I_1}{I_2} = \dfrac{R_2}{R_1}$，与电流表内阻 $R_A$ 无关.

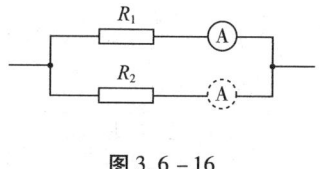

图 3.6 - 16

**实验电路：**

电路如图3.6-17所示，$S_1$、$S_2$ 为单刀双掷开关.

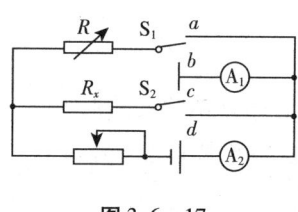

图 3.6 - 17

**实验步骤：**

（1）$S_1$ 和 $b$ 接通，$S_2$ 和 $d$ 接通，调节滑动变阻器和电阻箱，使两电流表有明显的读数，记录下此时电流表 $A_2$ 的读数 $I_0$，电流表 $A_1$ 的读数 $I_1$，电阻箱的读数 $R$.

（2）保持电阻箱的阻值不变，$S_1$ 和 $a$ 接通，$S_2$ 和 $c$ 接通，调节滑动变阻器，使电流表 $A_2$ 的读数仍为 $I_0$，记录此时电流表 $A_1$ 的读数 $I_2$.

（3）由结论 $\dfrac{I_1}{I_2} = \dfrac{R_x}{R}$，得 $R_x = \dfrac{I_1}{I_2} R$.

（4）重复上述步骤多测几组数据，最后取平均值。

**方案三：补偿法**

**实验原理：**

所谓补偿法，是利用电压的补偿原理，使电流表测量值完全是被测电阻的电流。如图 3.6-18 所示,电源电动势为 $E$,$R_x$ 为待测电阻,$E_N$ 为标准电池(电动势为 $E_0$,$E > E_0$),不断调节 $R_1$ 使得实验电流计 G 的读数为零,这样的 $R_x$ 两端的电压就等于 $E_N$,电流表的读数 $I$ 就是通过 $R_x$ 的电流,于是得 $R_x = \dfrac{E_0}{I}$。为了避免电路接通而实验电流计未平衡时有过大的电流通过实验电流计和标准电池,在线路中串联 $R_2$ 起到保护作用。

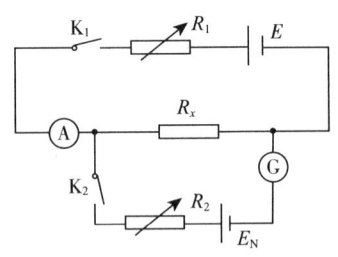

图 3.6-18

**实验电路:**

电路如图 3.6-18 所示。

**实验步骤:**

(1) 按图 3.6-18 接好电路,调节变阻器 $R_2$ 为较大值,防止有过大的电流通过实验电流计和标准电池,进而烧坏实验电流计。

(2) 先闭合 $K_1$,后闭合 $K_2$.

(3) 不断调节变阻器 $R_1$,使得实验电流计的读数为零。

(4) 记下电流表 A 的读数 $I$,按公式 $R_x = \dfrac{E_0}{I}$ 求出 $R_x$.

(5) 重复上述过程,多测几次,求其平均值。

**方案四:替代法**

电路如图 3.6-19 所示,先断开开关 S,接通电路,调节滑动变阻器 $R$,使电流表 $A_2$ 的示数为 $A_1$ 的一半;保持滑动变阻器阻值不变,闭合开关 S,读出此时电流表 $A_2$、电压表 V 的示数分别为 $I_2$、$U$.

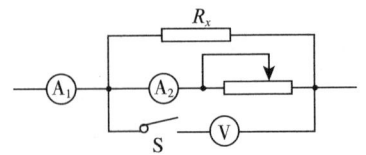

图 3.6-19

**实验原理：**

当断开开关 S 时，$A_2$ 表的读数为 $A_1$ 表的一半，则流过两支路的电流相等，电压也相等，此时根据欧姆定律可得 $R_{A2} + R = R_x$ ①，当闭合开关 S 时，由于电压表的分流作用，$A_1$ 表和 $A_2$ 表的示数必然发生变化，但①式依然成立，即 $R_x = R_{A2} + R = \dfrac{U}{I_2}$.

### 思考题

有两个灯泡 1 和 2，它们的阻值随所加电压的变化而变化，它们的伏安特性曲线如图 3.6 – 20 所示。现将两个灯泡并联，然后接在电动势 $E = 9.0\text{V}$、内电阻 $r = 2.0\Omega$ 的电源上，求灯泡 1 和 2 上消耗的功率。

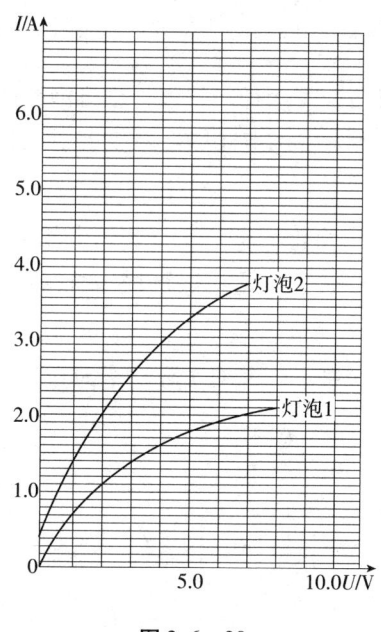

图 3.6 – 20

### 附：如何寻找灯泡的"工作点"

**问题：** 通过实验描绘出小灯泡的 $U-I$ 曲线如图 3.6 – 21 所示，某同学将该小灯泡接在某电源（$E = 3\text{V}$，内阻 $r = 6\Omega$）两端，求小灯泡发光时的电阻和功率。

**解析：** 设小灯泡的实际电压为 $U$、实际电流为 $I$，由闭合电路的欧姆定律有

$U+Ir=E$，即 $U=-6I+3$，在小灯泡的 $U-I$ 曲线坐标系中作出 $U=3-6I$ 的图线，如图 3.6-22 所示。根据此图线与灯泡的 $U-I$ 图线的交点可得此时灯泡两端的电压 $U=0.9\text{V}$，通过的电流 $I=0.35\text{A}$。所以，灯泡发光时的电阻 $R=\dfrac{U}{I}=\dfrac{0.9}{0.35}=2.57\Omega$，功率为 $P=UI=0.315\text{W}$。

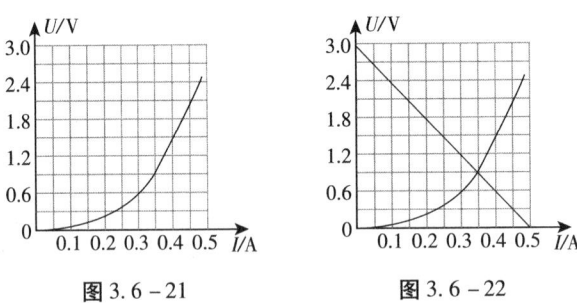

图 3.6-21　　　　　图 3.6-22

**变式 1**：若某同学将两个完全相同的该种小灯泡串联接在电源（$E=3\text{V}$，内阻 $r=6\Omega$）两端，求每个灯泡的实际功率。

**方法 1：变化曲线**

将两个灯泡等效为一个灯泡，电流 $I$ 不变，电压 $U$ 变为原来的两倍，即只要将小灯泡的 $U-I$ 曲线做如下变化：保持横坐标不变，纵坐标变为原来的两倍。如图 3.6-23 所示，交点坐标为 $U=1.2\text{V}$，电流 $I=0.3\text{A}$，则两个灯泡的实际功率为 $P=UI=0.36\text{W}$，每个灯泡的实际功率为 $0.18\text{W}$。

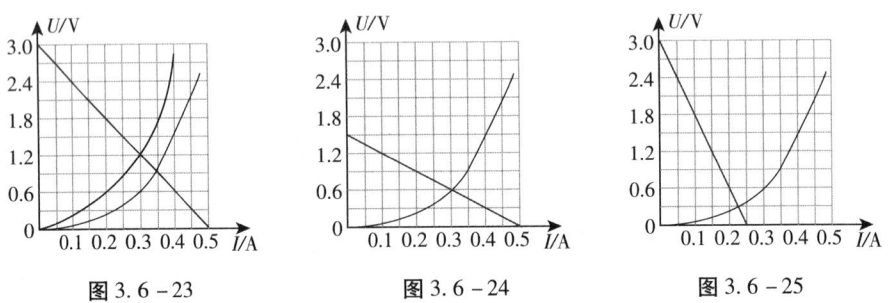

图 3.6-23　　　　　图 3.6-24　　　　　图 3.6-25

**方法 2：变化直线**

设每个小灯泡的实际电压为 $U$，实际电流为 $I$，由欧姆定律有 $2U+Ir=E$，即 $U=-3I+1.5$。如图 3.6-24 所示，在小灯泡的 $U-I$ 曲线坐标系中作出 $U=-3I+1.5$ 的图线，根据此图线与灯泡的 $U-I$ 图线的交点可得此时灯泡两端的电压 $U=0.6\text{V}$，通过的电流 $I=0.3\text{A}$，所以每个灯泡的实际功率为 $P=UI=0.18\text{W}$。

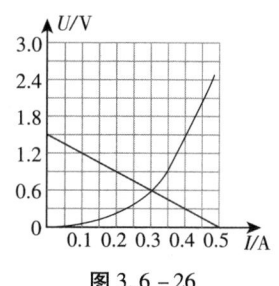

图 3.6-26

**总结**：第一种方法在描绘两个灯泡等效的 $U-I$ 曲线时，误差较大，从而给工作点带来很大误差，所以实际解题时常用第二种方法处理。

**变式 2**：若某同学将两个完全相同的该种小灯泡并联接在电源（$E=3\text{V}$，内阻 $r=6\Omega$）两端，求每个灯泡的实际功率。

**解析**：设每个小灯泡的实际电压为 $U$、实际电流为 $I$，由闭合电路的欧姆定律有 $U+2Ir=E$，即 $U=3-12I$，在小灯泡的 $U-I$ 曲线坐标系中作出 $U=-12I+3$ 的图线，如图 3.6-25 所示，根据此图线与灯泡的 $U-I$ 图线的交点可得此时灯泡两端的电压 $U=0.3\text{V}$、通过的电流 $I=0.23\text{A}$，从而可求出每个灯泡的实际功率为 $P=UI=0.069\text{W}$.

**变式 3**：若某同学将该小灯泡与给定的定值电阻 $R_0=6\Omega$ 并联后，再串联接在电源（$E=3\text{V}$，内阻 $r=6\Omega$）两端，求灯泡的实际功率。

**解析**：设小灯泡的实际电压为 $U$、实际电流为 $I$，电路中的总电流为 $(I+\dfrac{U}{R_0})$，由闭合电路的欧姆定律有 $U+(I+\dfrac{U}{R_0})r=E$，即 $U=1.5-3I$，在小灯泡的 $U-I$ 曲线坐标系中作出 $U=1.5-3I$ 的图线，如图 3.6-26 所示，根据此图线与灯泡的 $U-I$ 图线的交点可得此时灯泡两端的电压 $U=0.6\text{V}$、通过的电流 $I=0.3\text{A}$，从而可求出此时灯泡的实际功率 $P=UI=0.18\text{W}$.

**变式 4**：如图 3.6-27 所示，在同一坐标纸上作出了灯泡 $L_1$ 和灯泡 $L_2$ 的 $U-I$ 图像，现将这两个灯泡并联，然后接在电动势 $E=10\text{V}$、内电阻 $r=2\Omega$ 的电源上，则下列结论正确的是（　　）

A. 此时灯泡 $L_1$ 的电阻较大

B. 此时灯泡 $L_2$ 的电阻较大

C. 此时灯泡 $L_1$ 的功率约为 4W

D. 此时灯泡两端的电压约为 6V

**解析**：两个灯泡并联后接在电动势 $E=10\text{V}$、内电阻 $r=2\Omega$ 的电源上，由闭合电路欧姆定律，可得 $U+Ir=E$，$U=10-2I$. 在题给的灯泡 $L_1$ 和 $L_2$ 的 $U-I$ 图像上，作出两灯泡并联的 $U-I$ 图像和电源的 $U-(I_1+I_2)$ 图像，如图 3.6－28 所示。由两图像的交点可知此时灯两端电压约为 4V，通过灯泡 $L_1$ 的电流约为 1A，通过灯泡 $L_2$ 的电流约为 2A. 由欧姆定律 $R=\dfrac{U}{I}$ 可知，此时灯泡 $L_1$ 的电阻较大，选项 A 正确，B、D 错误；由功率公式 $P=UI$ 可知，灯泡 $L_1$ 的功率 $P_1=U_1I_1=4$W，选项 C 正确。答案为 AC.

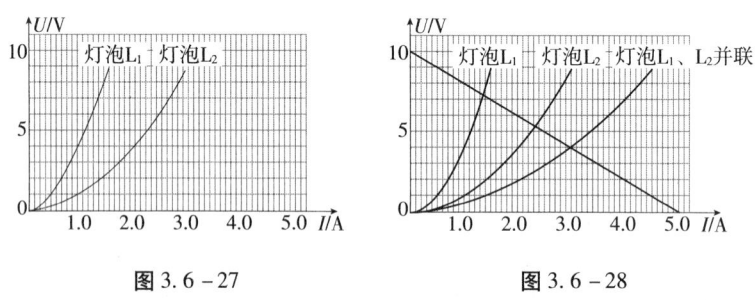

图 3.6－27    图 3.6－28

**思考**：若将图 3.6－27 中的两灯泡串联呢？

**变式 5**：某同学实验测得该小灯泡的 $I-U$ 曲线如图 3.6－29 所示。用另一电源 $E_0$（电动势 4V，内阻 $1.00\Omega$）和该小灯泡连接成图 3.6－30 所示的电路，调节滑动变阻器 $R$（$0-9\Omega$）的阻值，可以改变小灯泡的实际功率。闭合开关 S，在 $R$ 的变化范围内，小灯泡的最小功率为＿＿＿＿W，最大功率为＿＿＿＿W.（结果均保留 2 位小数）

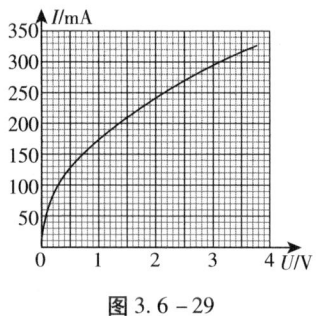

图 3.6－29

**解析**：设图 3.6－30 所示电路中通过小灯泡的电流为 $I$，小灯泡两端的电压为 $U$，由闭合电路的欧姆定律有：$I=\dfrac{E_0-U}{R+r}=-\dfrac{1}{R+r}U+\dfrac{E_0}{R+r}$，该直线过（4，0）这一定点，滑动变阻器 $R$ 的阻值越小，直线越陡，与小灯泡 $I-U$ 曲线交点

坐标的乘积 $UI$ 越大，即小灯泡的功率越大，反之越小，所以当 $R=9\Omega$ 时，小灯泡有最小功率，当 $R=0$ 时，小灯泡有最大功率，根据 $I=-\dfrac{1}{R+r}U+\dfrac{E_0}{R+r}$，分别作出 $R=9\Omega$ 和 $R=0$ 的 $I-U$ 图线，如图 3.6-31 所示，两直线与曲线的交点坐标分别为 $(1.75,0.22)$，$(3.7,0.32)$，所以小灯泡的最小功率 $P_{\min}=0.22\times1.75=0.39\text{W}$，小灯泡的最大功率 $P_{\max}=0.32\times3.7=1.18\text{W}$.

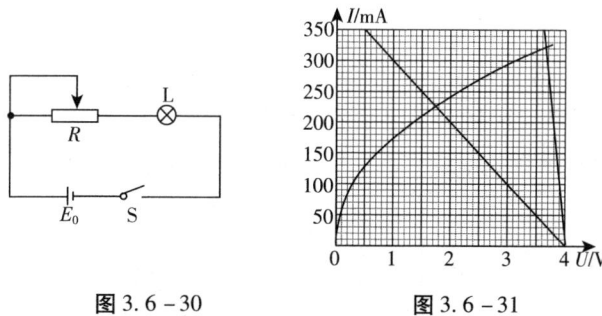

图 3.6-30　　　　　图 3.6-31

**思考**：若将图 3.6-30 中的滑动变阻器与灯泡并联又如何？

**变式 6**："220V，100W"的白炽灯泡 $A$ 和"220V，60W"的白炽灯泡 $B$ 的 $I-U$ 曲线如图 3.6-32 所示，求：

（1）若将两灯泡并联在 110V 的电源上时，两灯泡实际消耗的电功率。

（2）若将两灯泡串联在 220V 的电源上时，两灯泡实际消耗的电功率。

**解析**：（1）当两灯泡并联在 110V 的电源上，灯泡两端的电压相等均为 110V，在图 3.6-32 上电压轴 110V 处作平行于电流轴的直线，和 $A$、$B$ 两曲线交于两点，其对应的电流强度分别为 $I_A=0.36\text{A}$，$I_B=0.24\text{A}$，即为两灯并联在 110V 电源上时通过两灯的实际电流值。此时两灯实际消耗的功率为：$P_A=I_AU=39.6\text{W}$，$P_B=I_BU=26.4\text{W}$.

（2）当两灯串联在 220V 的电源上时，通过两灯的电流强度相等，并且两灯上的电压之和为 220V，所以在图 3.6-32 上作平行于电压轴的直线，当此直线与两曲线的交点的横坐标之和为 220V 时，两交点所对应的电流和电压值即为灯泡两端的实际电压和通过灯泡的实际电流。由交点知 $I=0.28\text{A}$，$U_A=80\text{V}$，$U_B=140\text{V}$. 此时 $A$、$B$ 两灯的消耗功率分别为：$P'_A=IU_A=22.4\text{W}$，$P'_B=IU_B=39.2\text{W}$.

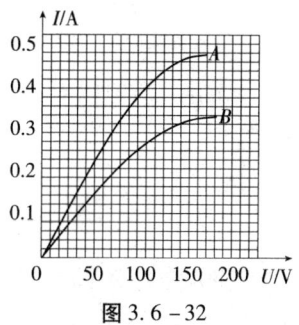

图 3.6-32

**巩固练习**

1. 硅光电池是一种可将光能转换为电能的器件。某同学用图3.6－33所示电路探究硅光电池的路端电压 $U$ 与总电流 $I$ 的关系。图中 $R_0$ 为已知定值电阻，电压表视为理想电压表。

（1）实验一：用一定强度的光照射硅光电池，调节滑动变阻器，通过测量得到该电池的 $U-I$ 曲线 $a$。如图3.6－34所示，由此可知电池内阻_____（填"是"或"不是"）常数，短路电流为_____mA，电动势为_____V.

（2）实验二：减小实验一中光的强度，重复实验，测得 $U-I$ 曲线 $b$，如图3.6－34所示。当滑动变阻器的电阻为某值时，若实验一中的路端电压为1.5V，则实验二中外电路消耗的电功率为_____mW（计算结果保留两位有效数字）。

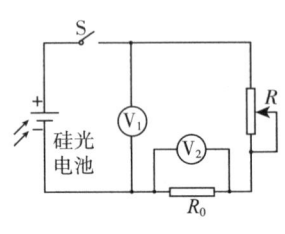

图3.6－33

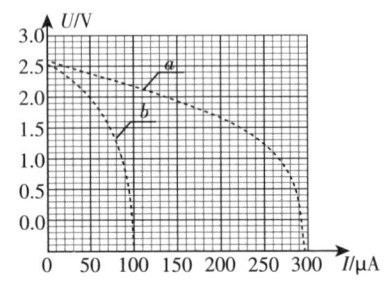

图3.6－34

2. 在探究小灯泡的伏安特性实验中，所用器材有：灯泡L，量程恰当的电流表A和电压表V、直流电源E、滑动变阻器R、电键S等，要求灯泡两端电压从0V开始变化。

（1）实验中滑动变阻器应采用_____接法（"分压"或"限流"）。

（2）某同学已连接好如图3.6－35所示的电路，在连接最后一根导线的 $c$ 端到直流电源正极之前，请指出其中仅有的2个不当之处，并说明如何改正。

A. _____。

B. _____。

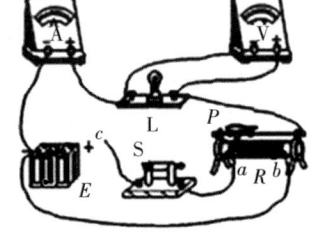

图3.6－35

（3）电路连接正确后，分别测得两只灯泡 $L_1$ 和 $L_2$ 的伏安特性曲线如图3.6－36中Ⅰ和Ⅱ所示，然后将灯泡 $L_1$、$L_2$ 与电池组（电动势和内阻均恒定）连成图3.6－37所示电路。多次测量后得到通过 $L_1$ 和 $L_2$ 的电流平均值分别为

0.30A 和 0.60A.

A. 在图 3.6-36 中画出电池组路端电压 $U$ 和电流 $I$ 的关系曲线。

B. 由该曲线可知电池组的电动势为_____V，内阻为_____Ω.（取两位有效数字）

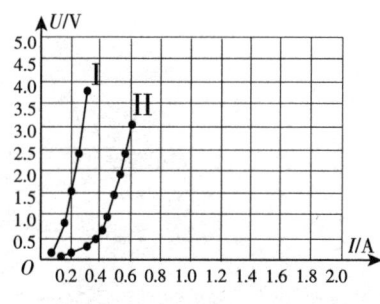

图 3.6-36

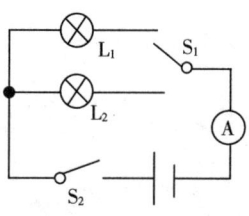

图 3.6-37

# 第四篇 拓展篇

本篇介绍一些能激发学生学习物理兴趣的趣味实验，如水火箭的制作与发射、电容器电容的测量等，不仅能使学生掌握如何用实验方法观察物理现象，研究物理规律，更能够让学生了解物理实验技术在科学研究领域以及工程实践中的广泛应用。还可以让学生去发掘其中的实验原理，启迪思维，提高创新能力，从而加强学生对实验的体验和感知，在实践应用中巩固所学物理知识、增强技能，在实际动手中提高发现探究与创新的能力，逐步养成勤于动手、敢于创新、善于创造的行为习惯。同时，学生在实验探究过程中，不断学习科学探究方法，逐步形成自主学习能力，养成良好的思维习惯，提高运用物理知识和科学探究方法解决实际问题的技能。本篇内容还可以有意识地激发学生学习的好奇心与求知欲，培养他们科学探究的兴趣，形成坚持真理、勇于创新、实事求是的科学态度与科学精神。

## 一、水火箭制作与发射

### 问题导入

"中国航天作为世界航天的一个重要组成部分,为世界航天的发展做出了积极的贡献。"中国航天事业近年来蓬勃发展:自一九五六年以来,迄今已达到相当的规模和水平,在卫星回收、一箭多星、低温燃料火箭技术、捆绑火箭技术以及静止轨道卫星发射与测控等许多重要技术领域,已跻身世界先进行列;在遥感卫星、通信卫星、科学实验卫星、导航定位卫星研制与应用以及载人飞船试验等方面均取得重大成果,社会效益和经济效益非常显著。

2016年10月17日7时30分在中国酒泉卫星发射中心成功发射了"神舟十一号"载人飞船,这是中国的第6次载人飞行任务,也是持续时间最长的一次载人飞行任务,总飞行时间长达33天。飞行乘组由两名航天员景海鹏和陈冬组成,景海鹏担任指令长。飞船入轨后经过2天独立飞行并完成与天宫二号空间实验室自动对接形成组合体。北京时间2016年11月18日13时59分,"神舟十一号"载人飞船返回舱在内蒙古主着陆场成功着陆。有关飞船和空间站的问题再次成为全社会关注的热点。在国际空间科研和实验中,中国的进展速度最快,已进入国际先进水平行列。如此种种,让无数的中华少年感到由衷的自豪和高兴,并相信中国将会取得更大的成功。

(一)实验目的

1. 通过水火箭制作与发射活动,让学生初步了解火箭发射的有关科学知识,懂得航天火箭的原理,培养学生在实践中反复探究、遇到问题敢于实践并借助已有生活经验和他人经验去解决问题的能力,同时培养学生的合作精神、探究意识以及认真细致、敢于创新、一丝不苟的科学态度。

2. 水火箭是寓教于乐、科技含量高,深受广大青少年喜爱的科普小实验。通过水火箭制作与发射可以让学生直观了解导弹、运载火箭的发射、升空和回收的过程、导弹飞行与飞机飞行的原理及不同点,并学会用作用力与反作用力、惯性、能量守恒定律等知识解释一些基本的空气动力学和飞行力学问题,使学生了解航天科技,热爱航天科技,为国家航天事业的发展培养、造就、输送优秀人才。

## （二）实验对象

水火箭，又称气压式喷水火箭、水推进火箭，是利用废弃的饮料瓶制作成动力舱、箭体、箭头、尾翼，然后灌入约三分之一的水，利用打气筒充入空气到达一定的压力后发射。其原理是利用水和空气的质量之比（水的密度是空气的771倍），空气压力把水从火箭尾部的喷嘴向下高速喷出，在反作用力的作用下，水火箭快速地加速上升，然后惯性滑翔在空中飞行，像导弹一样划出一个飞行轨迹，最后达到一定的高度。

## （三）发射原理

用"塞子"塞紧的大矿泉水瓶，形成一个密闭的空间。把气体打入密闭的容器内，使得容器内空气的气压增大，容器内空气的气压最大时打气筒被迫与容器断开连接，此时迅速拧开"塞子"，容器内的水向后快速喷出，水火箭获得反作用力后射出。

实验方法：

### 1. 水火箭的竖直升高高度与瓶内水位的关系

水火箭的竖直升高高度与瓶内水位的关系可以通过做实验的方法求得。通过实验得出，当水量大约为容量的1/3时，水火箭离地最高。气压与射程成正比，这是因为气压越大，喷水的力量越大，水火箭获得的冲量也就越大，水火箭做反冲运动的射程就越高。而在发射水量为1000mL以上时，水火箭中的水最终不会喷完，由于气压减小就停止了加速，剩余的水使水火箭受重力影响而提前坠落。我们知道，质量越大，所需提供的动量就越大，当质量一定时，速度越大，动量越大。而提高速度的方法是提高单位时间内的喷水量。所以，只有当水火箭内的气压与水量适当时，才能飞得更远更高。实验中发现，若水量大于固定气压所能喷射的水量上限，则水火箭中的水不会喷完。应该如何避免水喷不完的情形呢？根据$pV=nRT$，可求出一定气压所能喷出的水量上限。若是水量达不到一定气压所能喷出的水量上限，水会被较早喷完。根据上述理论，发射时我们先测量出能灌进水火箭的水量最大值，再算出此气压下能喷出的最大水量，然后根据这两个数据装水灌气，即可使水火箭达到最大射程。

### 2. 怎样提高水火箭的稳定性

水火箭在上升过程中，并不是竖直向上上升的，经常横着或侧着瓶身上升。这就要求我们必须提高它的稳定性，使它竖直上升。要提高它的稳定性，就得考虑大气阻力的作用。首先，水火箭顶部应做成尖的，以便减小空气阻力；其次，瓶体形状应接近流线型，这样有利于气流的通过。

3. **发射轨道对射程的影响**

固定水量600mL,发射仰角50°,利用无轨发射架和70cm发射架分别发射水火箭并记录结果及发射情况。比较发射轨道对飞行距离的影响。实验结果显示:有轨及无轨发射器在同一冲量作用下所产生的射程差不多,可见有无轨道并不影响射程。但在冲量较小时,无轨发射器发射的水火箭常常容易偏离预定方向。而有轨发射器因为有两个支点,使水柱喷射时不易产生其他方向的分力,因此水火箭能精确地直线前进。所以,有轨发射器在准确度上优于无轨发射器。

4. **弹头重量对发射轨道的影响**

固定水量600mL,发射仰角50°,使用有轨发射器。弹头依次放置填充物,质量分别为30g,40g,50g,60g,比较弹头重量对水火箭发射轨道的影响。

由实验可知:未加前置填充物的弹头,因受到尾翼质量的影响,重心明显偏后。因为物体旋转时的中心为重心,所以我们可以把重心当成支点,则只受重力的作用下的弹头即可看成一个以重心为支点的平衡杠杆。在飞行时,弹头与弹尾将受到风阻影响,但由于力臂不同,所产生的力矩不同,故水火箭会发生旋转从而影响航道,所以我们必须放前置填充物,将重心向前移动,使力臂相等(即水火箭的中点),这样产生的力矩相同,飞行过程中可实现平衡。但是如果前置填充物放得太多,重心太靠前,将产生旋转的情形,从而造成相反的效果。所以,由实验的结果得知,填充物约65g为最好,而此时重心正好位于首尾中点。当然,这个质量是不确定的,因水火箭的不同而异。

5. **发射仰角的影响**

固定水量500mL,前置填充物,使用有轨发射器,分别设置发射仰角35°、45°、55°、65°、75°。比较发射仰角对水火箭发射距离的影响。

水火箭的斜发与斜抛运动有关,所以由斜抛理论可得发射仰角为45°时,飞行距离最长。但由发射的结果得知:在发射仰角45°到55°之间(约为52°)时,可以达到最大的射程。当发射仰角太小时,水火箭向上的分力不大,使得爬升高度不大,且由于水火箭的重量受地球引力的影响,使其容易提前下坠,从而造成射程缩短。而当角度太大时,其向上分力虽大,但向前分力太小,以至于射程太短,出现"射得高,但射不远"的情形,所以在水火箭的发射角度方面,必须考虑到向上分力及向前分力要适中、各种外界因素以及发射仰角的影响。

**(四) 制作过程**

1. **材料准备**

可乐瓶(4-5个)、剪刀、美工刀、切割垫、直尺、铅笔、胶带、铁架台、打气筒、喷嘴、装有气针的橡皮塞、橡皮管、塑料杯等，设计图如图 4.1 – 1 所示。

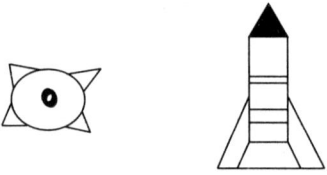

图 4.1 – 1

2. 实验阶段

（1）准备阶段。

通过上网、图书馆查阅资料，收集有关资料，了解有关火箭的历史演进和火箭的飞行原理，准备实验所需材料，完成设计图工作，并初步确定实验步骤。

有关资料：中学物理教学参考、物理教学、高中研究性课程实施案例选。

（2）制作过程：

如图 4.1 – 2 所示，将 5 个合适的可乐瓶（1.25 升）进行编码。

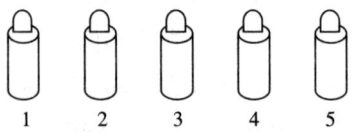

图 4.1 – 2

1 号瓶作为箭身主体，2 号瓶作为前延，5 号瓶作为后延和火箭头，3 号瓶和 4 号瓶作为尾翼。裁剪 2 号瓶和 5 号瓶，如图 4.1 – 3 所示。裁剪 3，4 号瓶，如图 4.1 – 4 所示。

图 4.1 – 3

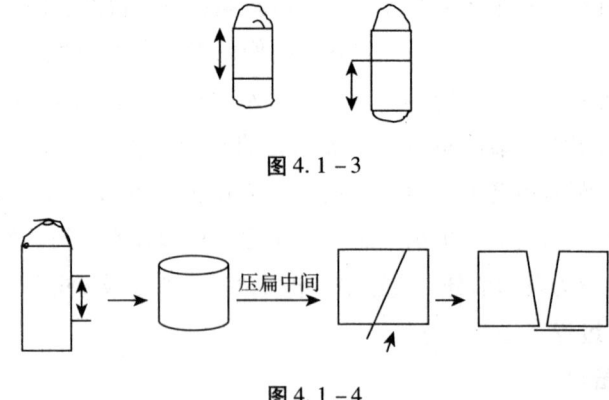

图 4.1 – 4

**弹头：**

用硬砂纸做一个与可乐瓶上部形状相同的圆锥模型，紧套于可乐瓶上部，并沿硬砂纸底线将瓶的上部剪下，然后在瓶口处粘一铅块，紧靠着铅块下部包一层砂纸并用胶带粘牢，最后用胶带将整个弹头外表面缠紧，如图 4.1-5 所示。

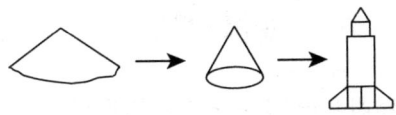

**图 4.1-5**

**喷嘴：**

a. 在可乐瓶盖中央挖一圆孔。

b. 取两段粗细不同的塑料硬管套紧，在两管接触处套上橡胶圆环，然后在两管外表面均用防水胶带缠紧以防漏水。

c. 让小管穿过瓶盖的圆孔，使瓶盖罩在管上。

d. 取一大小适合小管内径的橡胶塞，在其中央钻一小孔，插入玻璃管后与小管紧密相连。将各部分用胶带有序连接，如图 4.1-6 所示。

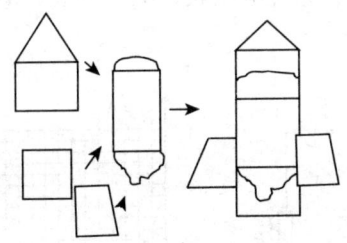

**图 4.1-6**

（3）实验过程：

**注水：**

用漏斗往瓶中注入约 1/3 的水，拴上带有喷嘴的橡皮塞，并将打气筒的出气口与喷嘴拴紧。

**查漏：**

把水火箭放正，用打气筒打入少量的气体，检验喷嘴是否漏气。

**发射：**

将水火箭安装在发射架上，矫正姿态后套上火箭头，用打气筒连续打气 30 次左右，至喷嘴自动脱落，火箭凭强大的反冲力迅速上冲。

思考题：水火箭飞行的距离可能与哪些因素有关？

## 二、电容器电容的测量

### 问题导入

在物理教材中，电容器和电容的介绍都相当详细，包括如何定义电容和电容器。电容器和电容是两个不同的概念，前者是两个导体的组合，后者是描写该组合性质的物理量。在物理实验中，我们的重点就是测量电容器的电容，并学会合理使用电容器。

**（一）实验原理**

用电流表测出电容器放电过程中各个时刻的瞬时电流，画出电流 $i$ 随时间 $t$ 变化的 $i-t$ 曲线，求出放电过程中电容器的电量，利用公式 $C=\dfrac{Q}{U}$ 计算电容。

**（二）实验器材**

电阻箱、直流微安表、直流电压表、电子秒表、电源。

**（三）实验步骤**

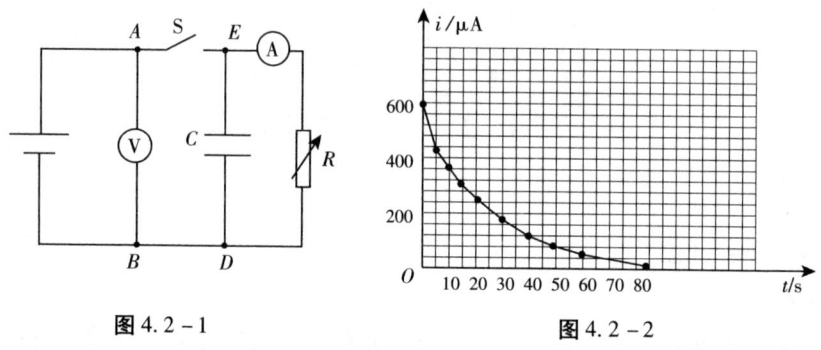

图 4.2-1　　　　　　图 4.2-2

1. 按图 4.2-1 所示电路图连接好电路。图中电源可用学生电源，电容器 $C$ 可选用电解电容器，$R$ 是电阻箱，接线时要注意电解电容器的极性不要接反。

2. 闭合开关 S，调节电阻箱 $R$ 的阻值，使小量程电流表的指针偏转接近满刻度，记下此时电流表的示数 $I_0$，电压表的示数 $U_0$，$I_0$、$U_0$ 分别是电容器放电时的初始电流和电压。

3. 断开开关 S，同时开始计时，每隔 5s 读一次电流表的示数，将测得的数据填入下面的表格中。

4. 根据记录的数据，在坐标纸上，以时间 $t$ 为横坐标，电流 $i$ 为纵坐标作出 $i-t$ 图像。

将所读取的实验数据填入下表：

| $t/\text{s}$ | 0 | 5 | 10 | 15 | 20 | … |
|---|---|---|---|---|---|---|
| $i/\mu\text{A}$ | | | | | | |

图 4.2-2 所示的 $i-t$ 图像与两坐标轴所围出的"面积"有什么物理意义？如何计算出这一"面积"？如何计算电容器的电容？

如图 4.2-2 所示，$i-t$ 图像与坐标轴所围成面积为电容器放电的总电量，即电容器的带电量，先求出图中每一小格的电量，再数出该曲边图形的格子数（超过半格的算一格，小于半格的忽略），即可求出电容器的带电量，然后根据公式 $C = \dfrac{Q}{U}$ 计算出电容器的电容。

**（四）误差分析**

在实验在操作中，每隔 5 秒读取一次电流值，由于微安表指针一直运动且开始运动得很快，使得很难准确地读数。此实验中，读数是最关键的一步，如果读数有较大误差，那么此实验就不成功，实验误差会很大。

**（五）改进措施**

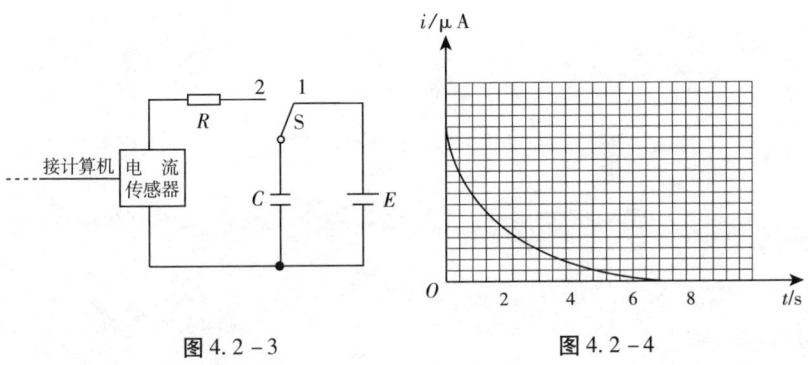

图 4.2-3    图 4.2-4

如图 4.2-4 所示，用电流传感器及计算机直接显示电容器放电过程中电流 $i$ 随时间 $t$ 变化的曲线。

**（六）实验反思**

1. 物理学指出，电容器的电容大小与带电量大小无关。也就是说，对一个确定的电容器而言，其 $\dfrac{Q}{U}$ 的比值与充电电压无关。请利用本实验的器材和原理，设计一个实验验证这一结论，并简要说明实验步骤。

2. 利用图 4.2-3 所示的电路可以观察电容器放电时电流随时间的变化关系图像。电容器通过不同电阻放电的 $i$-$t$ 图像，如图 4.2-5 所示。从图像看，串接电阻 $R$ 的大小对放电时间有什么影响？

3. 指出图 4.2-6 中哪一部分是电容器充电过程的 $i$-$t$ 图像？

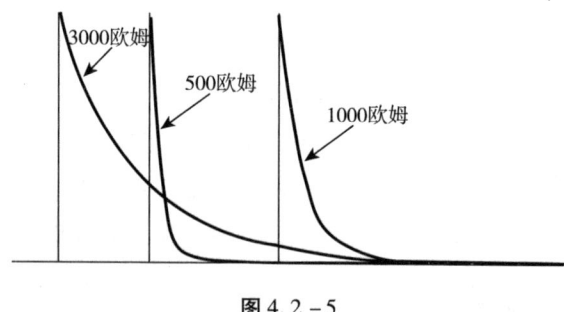

图 4.2-5

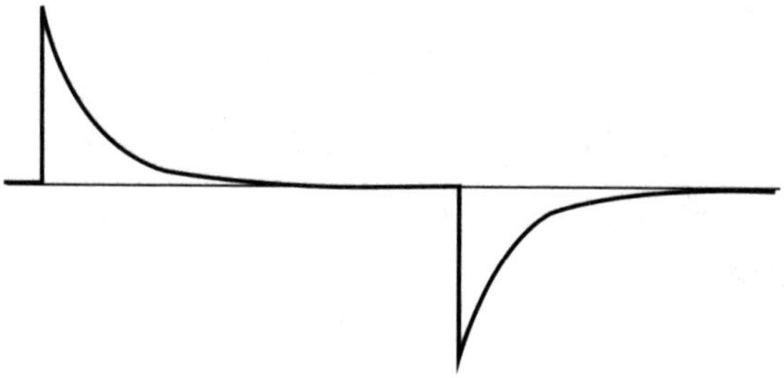

图 4.2-6